Карколомний
Мозок

Імпульсивні нейрони, мінливі синапси, хвостаті аксони

Від доктора
Ліама Дрю

Зміст

- **4** Вступ
- **6** Що таке мозок?
- **8** Навіщо нам мозок?
- **10** Мапа мозку
- **12** Вивчення мозку
- **14** Знайомтеся: мозок
- **16** З чого зроблено твій мозок?
- **18** Встановлення зв'язків
- **20** Надсилання імпульсів
- **22** Готові до стрибка
- **24** Простіший мозок
- **26** Дива тваринного мозку
- **28** Олюднення
- **30** Відчути дотик
- **32** Запах і смак
- **34** Побачити світ
- **36** Почути звук
- **38** Що нами рухає

DK Penguin Random House

Автор доктор Ліам Дрю
Консультантка докторка Кетрін Голл
Перекладач Олександр Стукало
Наукова редакторка українського видання
кандидатка біологічних наук, доцентка кафедри фізіології людини і тварин ННЦ «Інститут біології та медицини» КНУ імені Тараса Шевченка Вікторія Кравченко

Редакторка проекту Олівія Стенфорд
Художні редакторки Поллі Еплтон, Люсі Сімс
Ілюстратори Марк Кліфтон, Беттіна Міклбаст Стовн

Додаткове оформлення Енн Каннінгс, Седі Томас
Координаторка обкладинки Іссі Волш
Дизайнерка обкладинки Беттіна Міклбаст Стовн
Випускова редакторка Ебі Максвелл
Технічний директор Індерджіт Бгуллар
Головний редактор Джонатан Мелмот
Головна художня редакторка Даян Пейтон Джонс
Головна білд-редакторка Сумедга Чопра
Креативна директорка Гелен Сеніор
Координаторка проекту Сара Лартер

Уперше опубліковано в Великій Британії в 2021 р.
Dorling Kindersley Limited
DK, One Embassy Gardens, 8 Viaduct Gardens,
London, SW11 7BW

40	Завжди напоготові	**58**	Старіння мозку
42	Знає, що тобі треба	**60**	Такий різний мозок
44	Поява мозку	**62**	Майбутнє науки про мозок
46	Мозок росте	**64**	Хронологія мозку
48	Як учиться мозок?		
50	Формування спогадів		
52	Емоції	**68**	Словничок
54	Мислення та інтелект	**70**	Покажчик
56	Сон і сни	**72**	Подяки

Часом у цій книжці про мозок трапляються **мудровані слова**! Побачите щось не дуже зрозуміле — зазирніть у **словничок**.

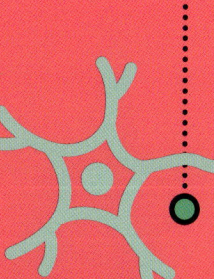

Copyright © 2021 Dorling Kindersley Limited
A Penguin Random House Company
10 9 8 7 6 5 4 3 2 1
007–321110–May/2021

Усі права захищені.
Жодну частину цієї публікації не можна відтворювати, зберігати, завантажувати в пошукову систему або передавати в будь-якій формі й будь-яким способом (електронним, механічним, фотокопіювання, запису та ін.) без попереднього письмового дозволу власника авторських прав

A CIP catalogue record for this book
is available from the British Library.
ISBN: 978-0-2416-1823-3

Надруковано в Словаччині

Ця книжка надрукована на папері, сертифікованому Forest Stewardship Council ™
Це один маленький крок у DK у прагненні стабільного майбутнього.
Для додаткової інформації перейдіть на
www.dk.com/our-green-pledge

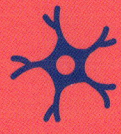
СУМІШ
Папір | Підтримуємо відповідальне лісове господарство
www.fsc.org
FSC™ C018179

Для допитливих
www.dk.com

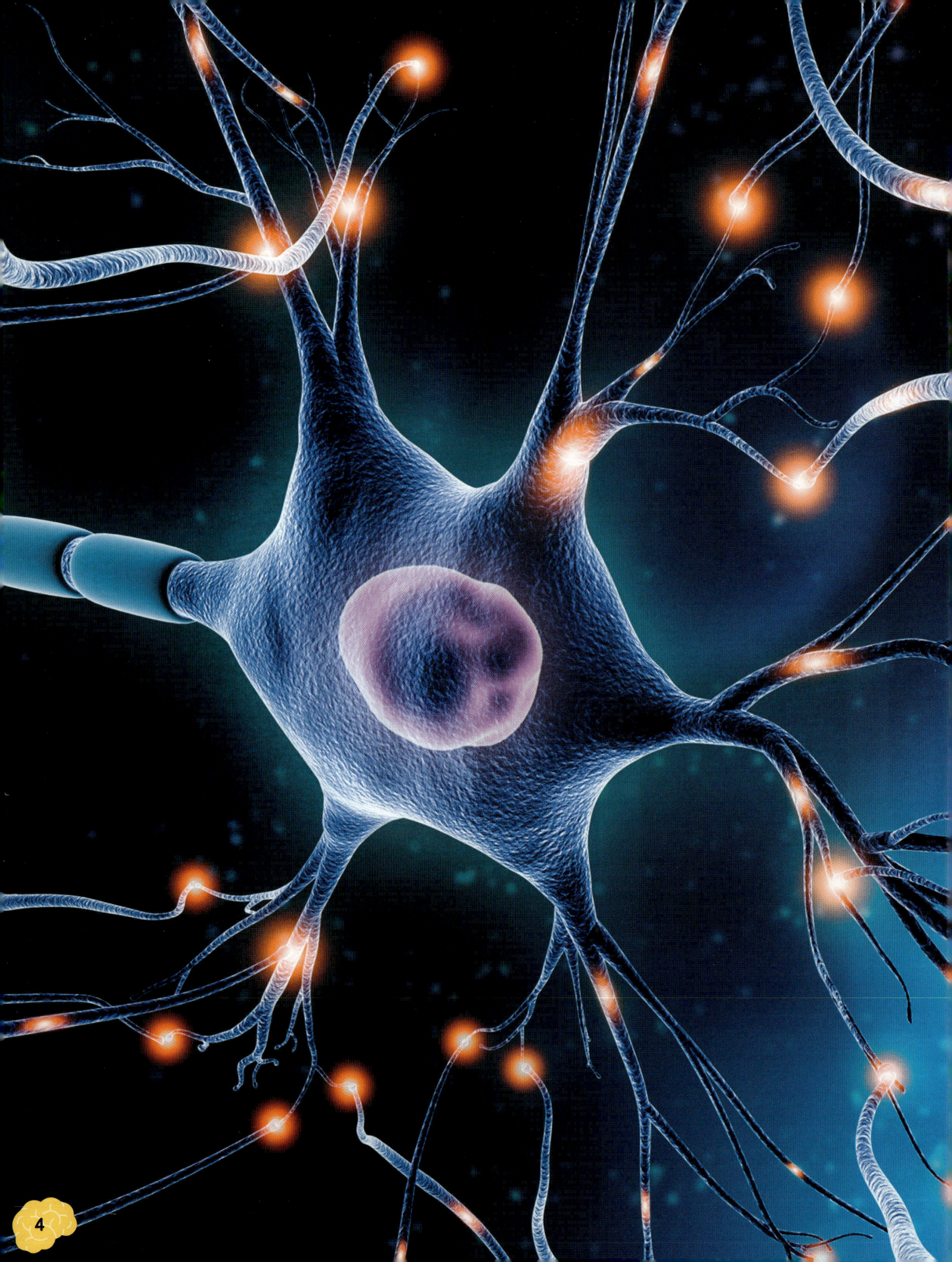

Вступ

Ця книжка — путівник **твоєю головою**. Ми розповімо, з чого складається мозок, як він працює і як **робить тебе тобою**. Усе, що відчуваєш, бачиш, чуєш, смакуєш і нюхаєш, залежить від його сигналів. Він контролює твої рухи й відповідає за кожну емоцію. Щастя та сум, гнів і радість, страх та любов **народжуються саме в мозку**.

Усі людські мізки схожі, але кожен із них **унікальний**. Одні відмінності закладені в **ДНК**, яку успадковуємо від батьків, інші виникають із новим **життєвим досвідом і зумовлені тим, чого ми навчилися**. Мозок може опанувати величезні обсяги даних — і сподіваюся, що твоєму мозкові сподобається дізнаватись про себе щось нове!

Доктор Ліам Дрю

Що таке МОЗОК?

Таємничий орган **у твоїй голові**, який робить тебе тобою, називається *мозок*. Усі **думки, почуття й відчуття** виникають саме тут.

Історія мозку

Дехто вважає, що мозок — найскладніша річ у Всесвіті! На наступних сторінках ми розповімо про багато цікавинок, відомих дослідникам цієї дивовижної структури.

Борозни
Зовнішня поверхня мозку вкрита борознами й звивинами, що допомагають йому поміщатися в черепній порожнині.

Череп
Найбільша частина скелета голови — міцна кісткова оболонка, що захищає мозок від фізичних ушкоджень.

Спинний мозок
Він переносить інформацію з мозку до тіла й навпаки.

НАВІЩО МЕНІ МОЗОК?
Завдяки мозку ти можеш переміщуватися в просторі й багато чого робити. Він допомагає запам'ятовувати, учитися нового, їсти та пити, безпечно поводитися й шукати нових друзів.

Навіщо нам МОЗОК?

Мозок — **центр управління** твоїм тілом. Він **збирає інформацію** про довколишні події, **обробляє її** й **контролює реакції організму**. Загальні принципи його роботи подібні, але невеликі особливості роблять кожного неповторним.

Зір
Очі сприймають зорову інформацію — скажімо, про літак за вікном.

Голод
Усім, хто давно не їв, мозок подає сигнали голоду.

Збирання інформації
Очі, вуха та інші органи чуття перетворюють зовнішню інформацію на сигнали, які надсилають мозку. Він стежить за подіями не лише зовні, а й усередині, тому може повідомити, коли ми голодні, спраглі, сонні чи змучені болем.

Багатенько роботи!

Керування тілом
Мозок контролює всі твої м'язи. Рухаючи ними, він допомагає тобі бігати, стрибати чи брати ручку, щоб написати щось.

Оброблення інформації

Коли ти про щось думаєш, мозок сполучає нову корисну інформацію зі збереженою й теж корисною. Так виникають спогади про найважливіше з відчутого, продуманого та зробленого.

Слух
Твої вуха чують звуки — скажімо, дзвінок на перерву.

Відчуття
Твої відчуття (скажімо, захват від гри у футбол) теж народжуються в мозку.

Пам'ять
Твій мозок зберігає спогади — наприклад, про класні морські канікули.

Мислення
Мислення — одна з функцій мозку (задачі ти розв'язуєш теж ним).

Письмо
Мозок координує точні рухи, потрібні тобі, щоб писати.

Мовлення
Мозок контролює м'язи, які ти використовуєш під час мовлення.

Завжди напоготові
Після поставленого на уроці запитання твоє серце (великий м'яз) може битися трохи швидше, бо мозок готує тебе до дії.

Мапа мозку

Мозок складається з **багатьох частин**, у кожної з яких своє **завдання**: скажімо, розуміти прочитані слова чи почуті звуки. На цій **мапі** можна побачити, за що відповідальні різні ділянки мозку.

Зазирни-но сюди!

Концентрація, планування й розв'язання проблем

Контроль рухів

ЛОБОВА ЧАСТКА

Мовлення

Запах

Температуру тіла, відчуття голоду, спраги й багато інших функцій організму контролює гіпоталамус.

ГІПОТАЛАМУС

Мигдалина контролює наші емоції й надає їм сенсу.

МИГДАЛИНА

ГІПОКАМП

Спогади утворюються в довгій тонкій структурі — гіпокампі.

Зазирни всередину

Під корою сховано дуже багато різних ділянок мозку — і в кожної своє важливе завдання. Одна з них — лімбічна система, що контролює інстинкти, спогади та емоції.

Мозкова кора

Корою називають поверхню мозку, вкриту звивинами. Вона має чотири частки — лобову, тім'яну, скроневу й потиличну. Саме тут обробляються складні думки та процеси.

Усе взаємопов'язано!

Кора головного мозку
завтовшки лише 2,5 міліметра.

Вивчення МОЗКУ

Науковців, які вивчають мозок, називають **нейробіологами**. Щоб розгадати його таємниці, вони користуються мозковими сканерами та мікроскопами й досліджують наслідки черепно-мозкових травм.

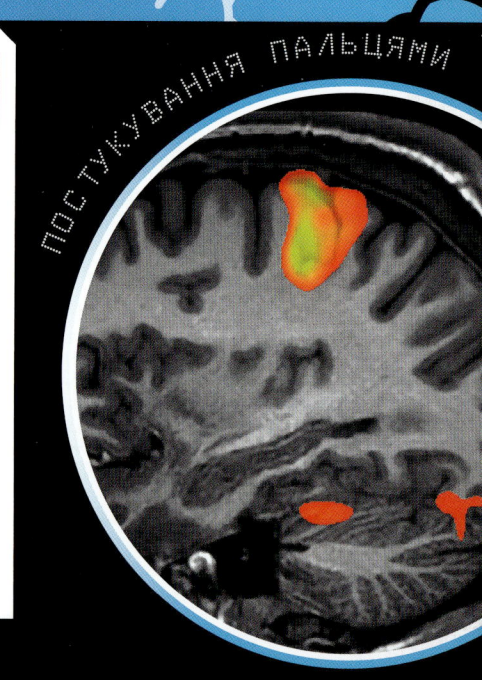
ПОСТУКУВАННЯ ПАЛЬЦЯМИ

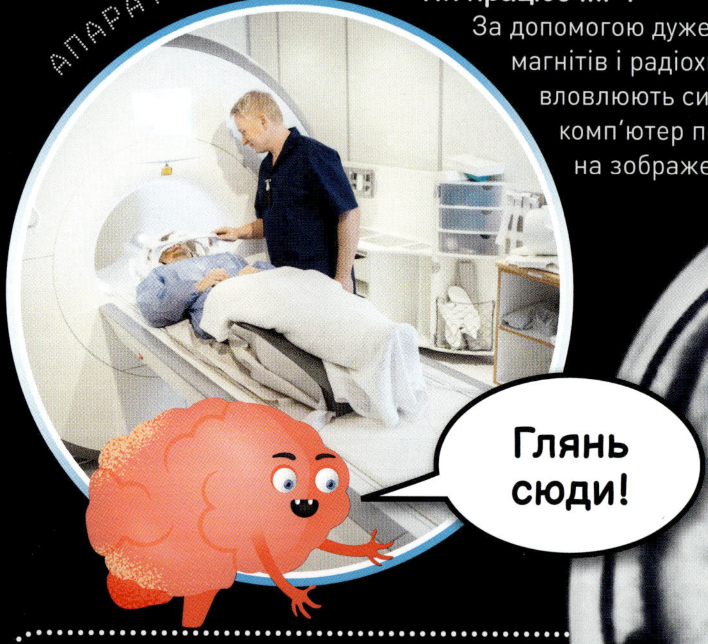

АПАРАТ МРТ

Як працює МРТ
За допомогою дуже потужних магнітів і радіохвиль МРТ-сканери вловлюють сигнали тіла, які комп'ютер перетворює на зображення.

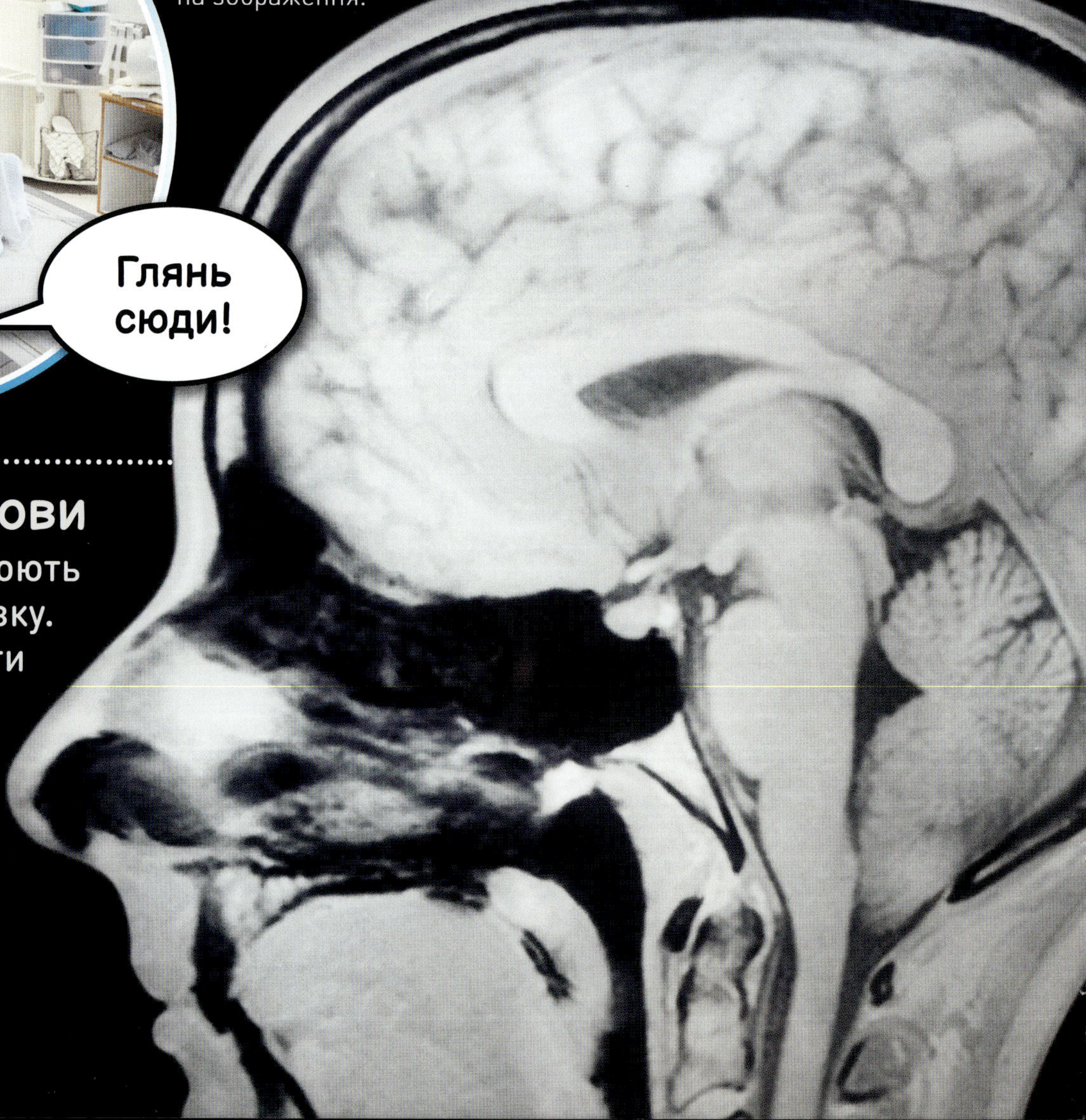

Глянь сюди!

Усередині голови
МРТ-сканери створюють тривимірні мапи мозку. Ти можеш розглянути будь-який його переріз — оцей, скажімо, виглядає так, ніби чийсь мозок розітнули навпіл.

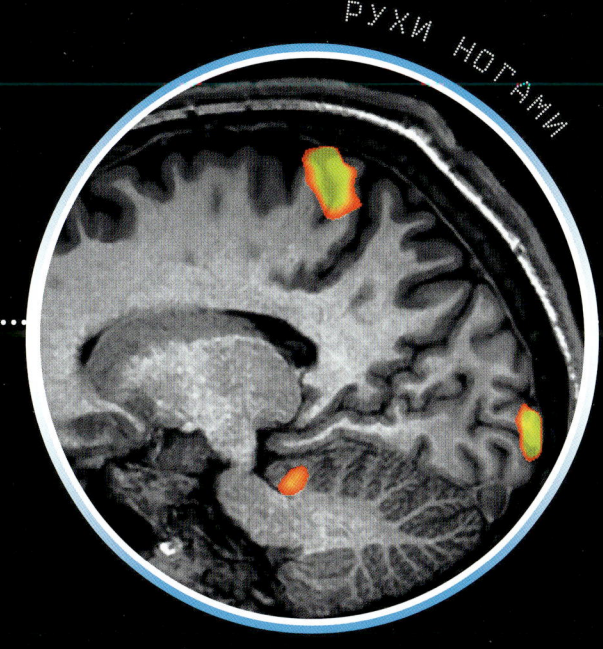

РУХИ НОТАМИ

Мозок за роботою
Коли якась частина твого мозку активується, туди приливає більше крові. Сканери виявляють кисень у крові й показують, які ділянки мозку залучені до певних процесів.

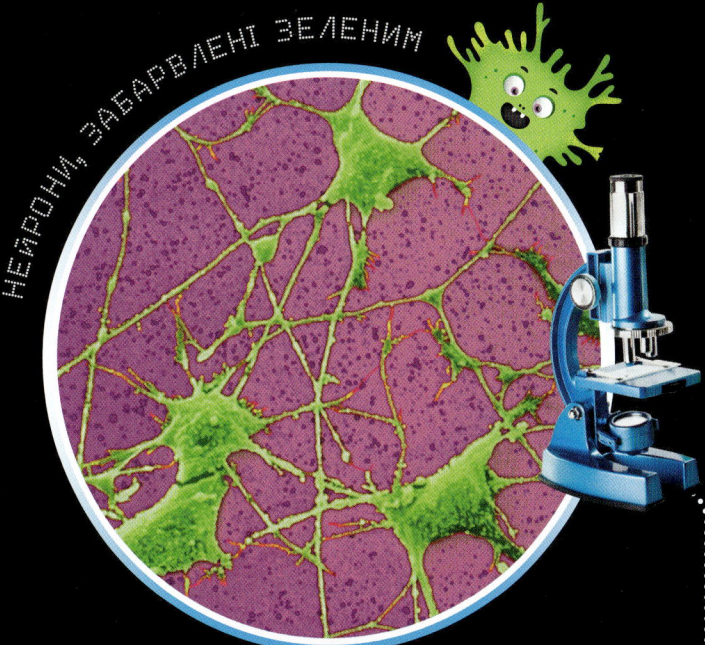

НЕЙРОНИ, ЗАБАРВЛЕНІ ЗЕЛЕНИМ

Нейрони зблизька
За допомогою мікроскопів науковці розглядають фрагменти мозку чи нейрони, вирощені в лабораторії, щоб зрозуміти, як вони працюють.

ПРАКТИЧНІ ПРИКЛАДИ
Ураження частини мозку може вплинути на його роботу. Так ми дізнаємося, за що відповідають різні його ділянки.

Музична пам'ять
Люди з ураженим гіпокампом можуть втратити здатність формувати пам'ять про новий досвід — утім, давніших спогадів і навичок вони таки не втрачають.

Навпіл
Певні типи мозкових травм закривають від людей половину довколишнього світу. Такі люди бачать лише половину наповненої тарілки.

Хто це?
Одна з частин мозкової кори відповідає за розпізнавання облич, тому після її травми люди перестають упізнавати інших — навіть родичів і друзів.

Мигдалина

Мигдалина допомагає контролювати емоції — передусім страх. Розташована вона поряд із гіпокампом.

Мигдалина ховається всередині лімбічної системи.

Гіпокамп

У гіпокампа одна з найважливіших функцій мозку — він допомагає утворювати спогади. Придивімось до нього ближче…

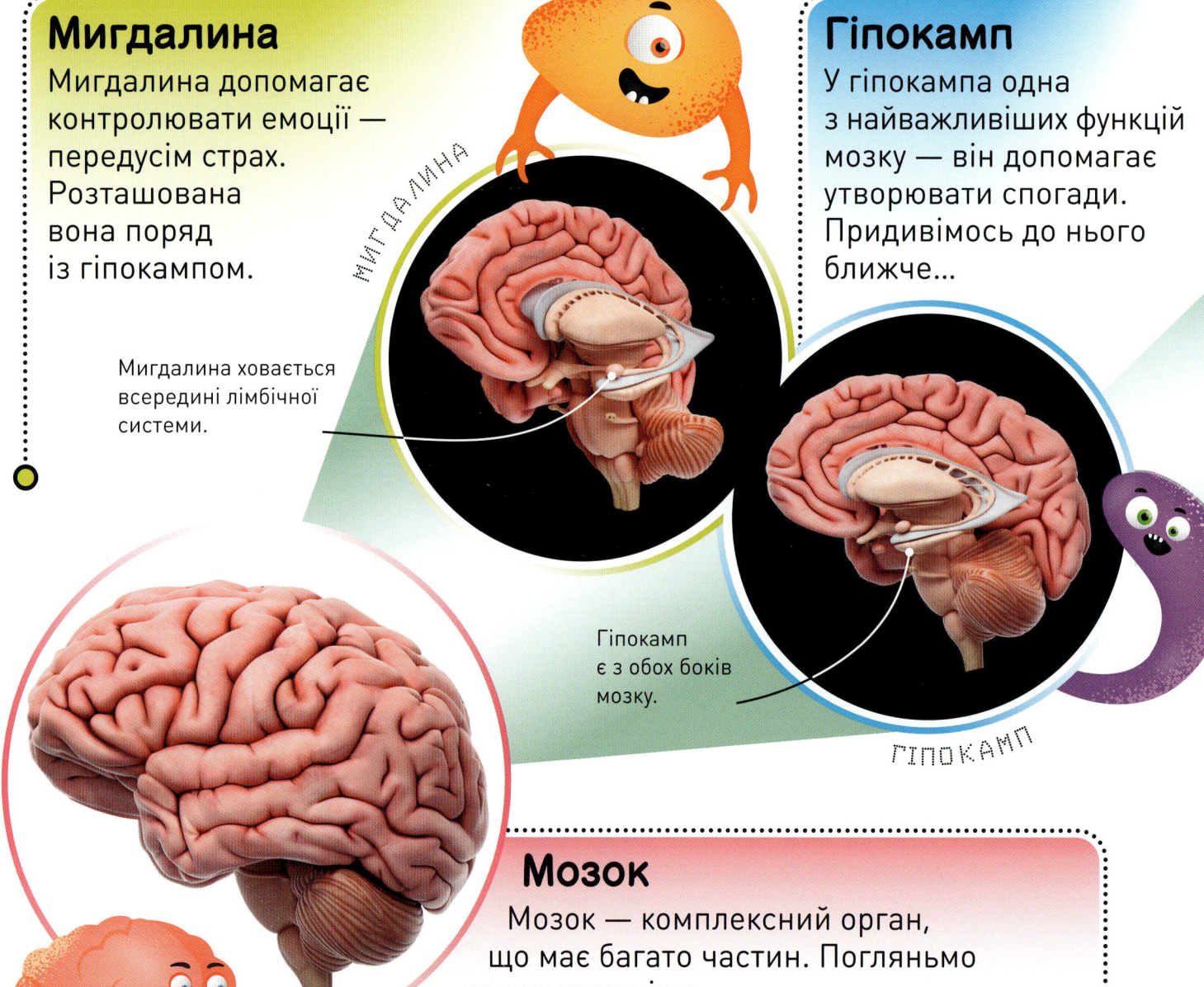

Гіпокамп є з обох боків мозку.

Мозок

Мозок — комплексний орган, що має багато частин. Погляньмо на них уважніше…

Знайомтеся: МОЗОК

Що уважніше **нейробіологи** придивляються до мозку, то більше нового бачать. Ми з вами теж розглянемо різні його частини. Знання принципів їхньої роботи допоможе **зрозуміти** мозок як єдине ціле.

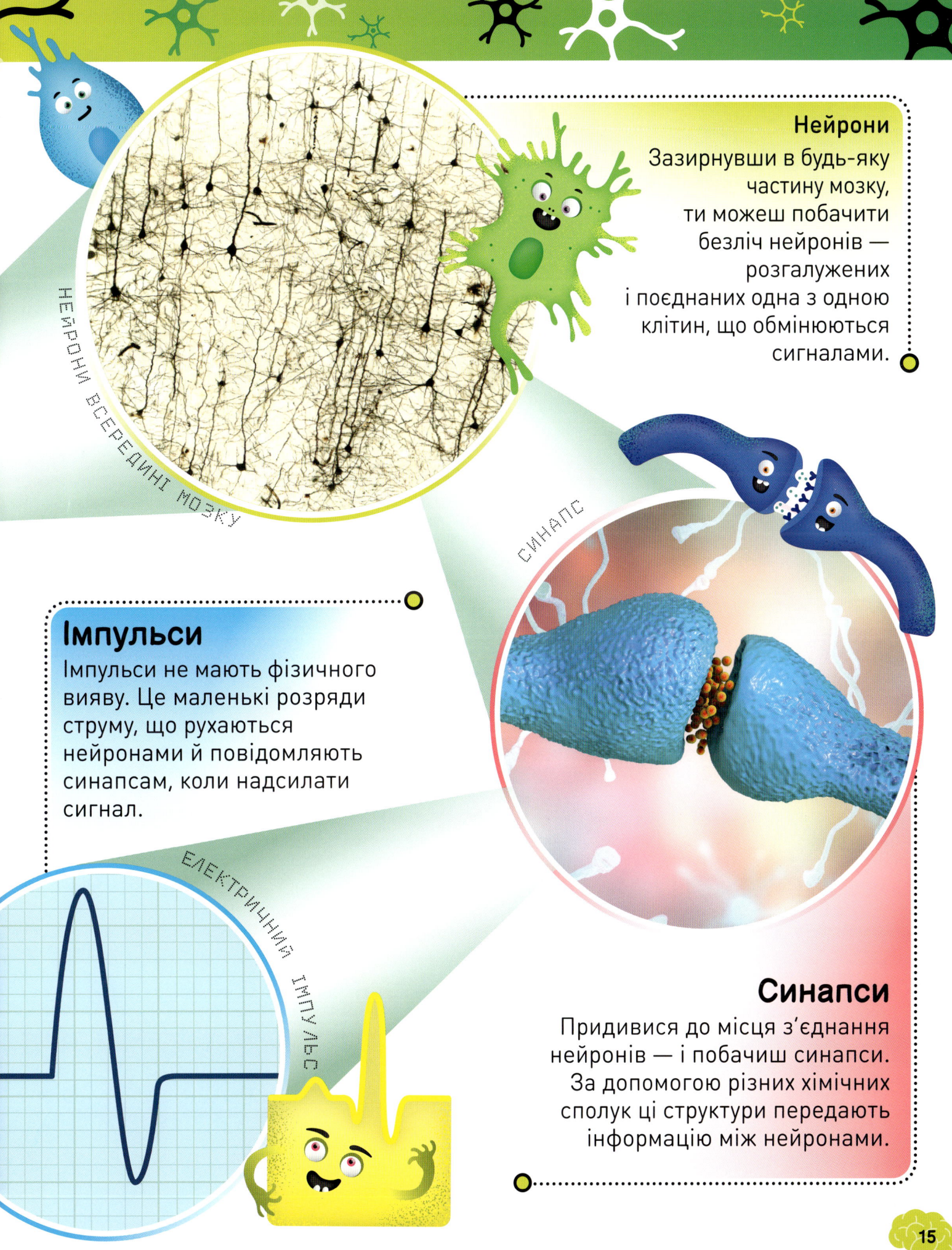

Нейрони
Зазирнувши в будь-яку частину мозку, ти можеш побачити безліч нейронів — розгалужених і поєднаних одна з одною клітин, що обмінюються сигналами.

Імпульси
Імпульси не мають фізичного вияву. Це маленькі розряди струму, що рухаються нейронами й повідомляють синапсам, коли надсилати сигнал.

Синапси
Придивися до місця з'єднання нейронів — і побачиш синапси. За допомогою різних хімічних сполук ці структури передають інформацію між нейронами.

З чого зроблено твій мозок?

Щоб зрозуміти, **як працює мозок**, потрібно знати, **що в ньому міститься**. Мозок складається з багатьох клітин і кровоносних судин, що їх живлять.

Кров'яні судини
Розгалужена мережа судин несе мозкові кров.

Живлення мозку
Мозок споживає більше енергії, ніж решта частин тіла, тому йому потрібно більше крові, що нестиме поживні речовини й кисень. Сукупна довжина всіх кровоносних судин мозку — приблизно 645 кілометрів!

Чому він рожевий і губчатий?
Мозок схожий на желе, бо в ньому немає кісток, а в його клітинах багато жиру. Кремовий колір мозкових клітин, сполучаючись із пурпурним кольором крові, надає мозку рожевого відтінку.

ЩО ТАКЕ КЛІТИНА?

Клітини — крихітні цеглинки всього живого. У більшості клітин твого тіла є копія ДНК, що містить схеми вироблення різних типів клітин, які утворюють організм людини. Зберігається ДНК у ядрі клітини.

Ядро

Нейрон
Нейрони передають сигнали мозком за допомогою електричного струму й хімічних сполук.

Клітини мозку

Різні типи клітин мозку разом допомагають йому працювати. Найважливіші — нейрони — передають сигнали по всьому мозку й тілу.

Більше про нейрони — далі...

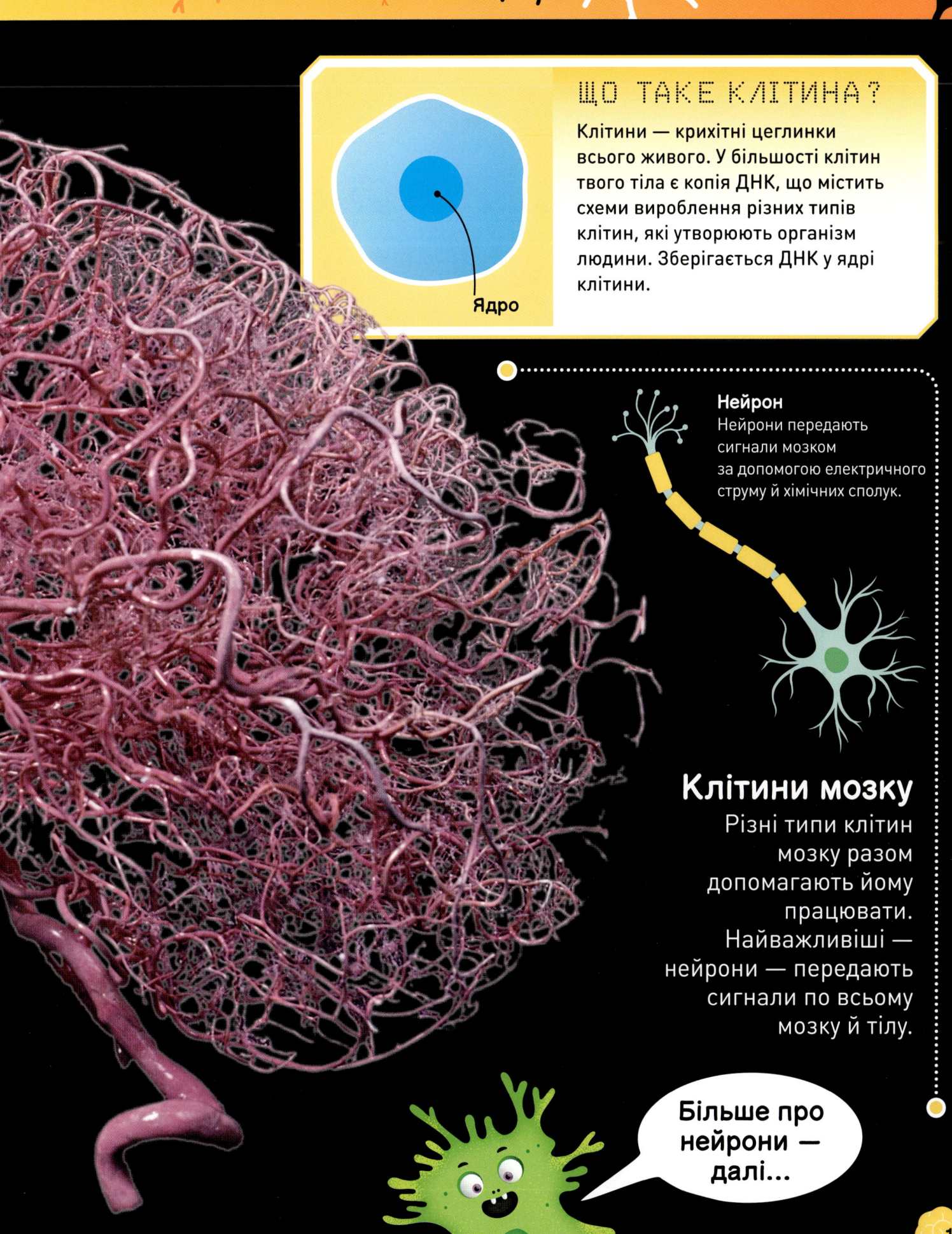

Утворення зв'язків

Клітини, які переносять **сигнали** по мозку й змушують тебе думати, відчувати та діяти, називають **нейронами**. У людському мозку приблизно **86 мільярдів** нейронів і ще 84 мільярди інших клітин!

Дендрити
Навколо тіла нейрони мають відростки — їх називають дендритами, — які збирають вхідні сигнали.

Тіло клітини

Ядро

Аксон
У кожного нейрона є довгий відросток — аксон, яким сигнали йдуть до інших нейронів.

Мієлінова оболонка
Більшість аксонів укриті жировою речовиною — мієліном, — що пришвидшує рух сигналів.

Нейрони
У твоєму мозку й нервах містяться клітини, що утворюють розгалужену мережу, якою подорожує інформація. Це нейрони. Кожен нейрон отримує вхідні сигнали й пересилає їх іншим нейронам чи органам.

Найдовший **аксон** твого тіла тягнеться від великого пальця ноги до основи **мозку**!

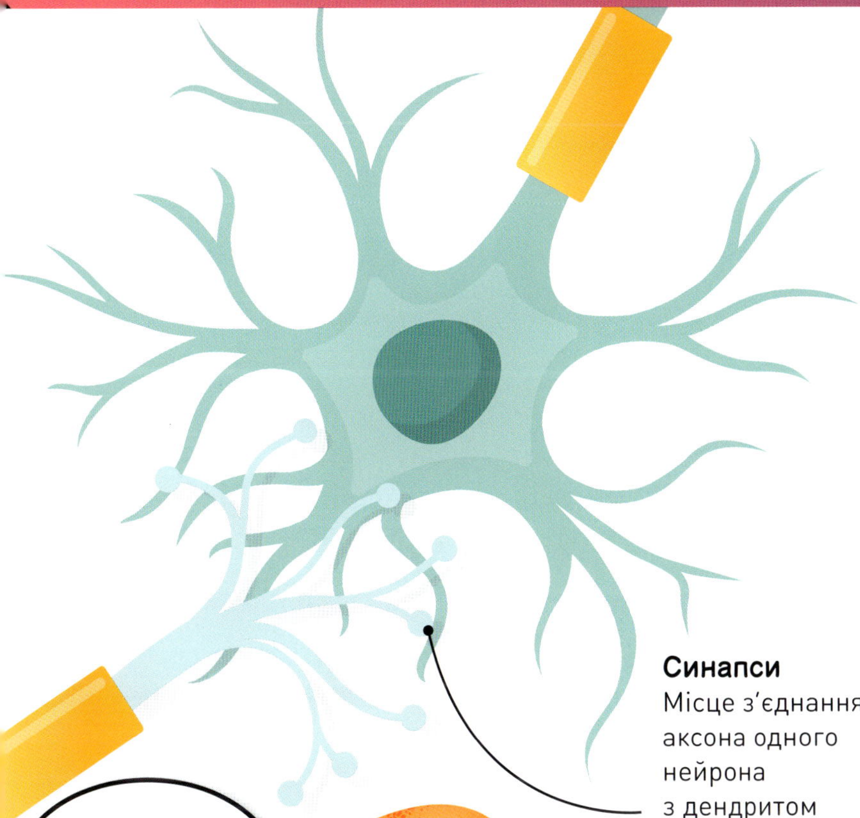

Синапси
Місце з'єднання аксона одного нейрона з дендритом іншого називають синапс.

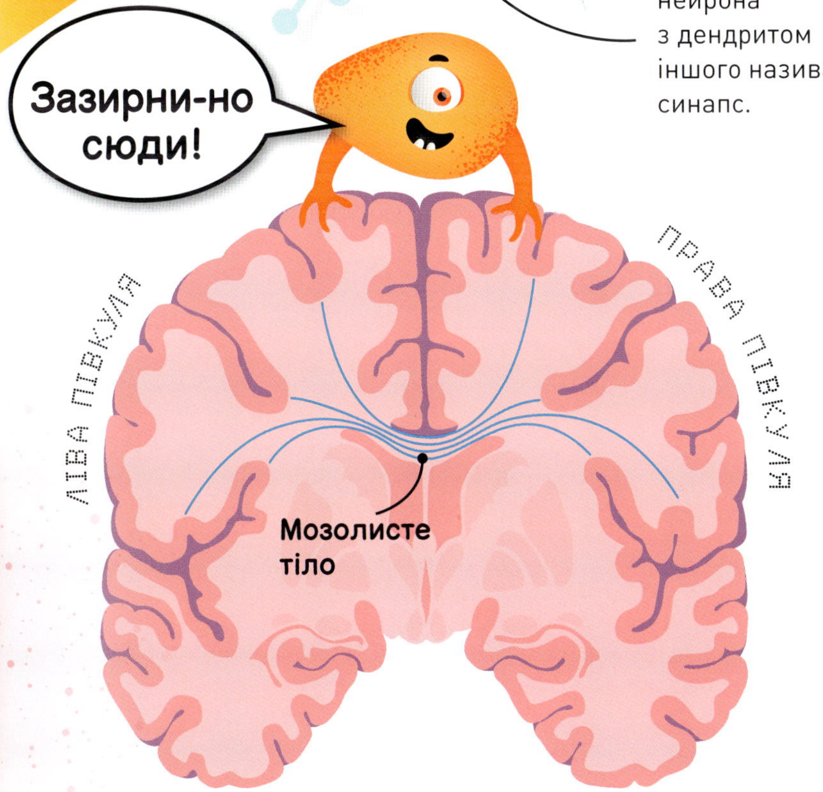

Зазирни-но сюди!

ЛІВА ПІВКУЛЯ   ПРАВА ПІВКУЛЯ

Мозолисте тіло

Зв'язок між півкулями

Права й ліва половини (півкулі) мозку відокремлені одна від одної. Поєднують їх лише товсті пучки аксонів. Найбільший такий пучок — мозолисте тіло.

Допоміжні клітини

Хоч нейрони й називають найважливішими клітинами мозку, він не може функціонувати без багатьох інших клітин. Дізнайся більше про деякі з них.

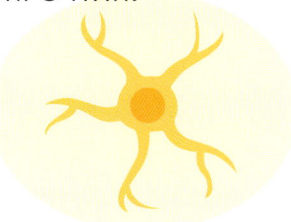

Олігодендроцити
Жирові клітини, з яких складається мієлінова оболонка довкола аксонів мозку.

Мікроглія
Мікрогліальні клітини борються з мікробами, що потрапляють у мозок, і видаляють ушкоджені фрагменти клітин.

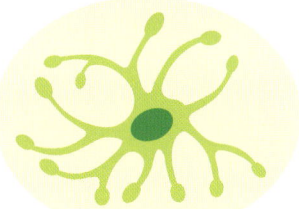

Астроцити
Астроцити утворюють структуру мозку, постачають поживні речовини й відновлюють тканини.

Перицити
Ці клітини контролюють кровотік і вирішують, які елементи крові потраплять у мозок.

19

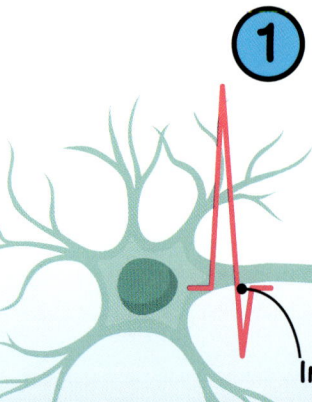

① Початок імпульсу
Коли дендрити нейрона отримують достатню кількість сигналів, на місці з'єднання тіла клітини з аксоном виникає розряд.

Імпульс

Імпульси

Від нейрона до нейрона інформація передається за допомогою електричних імпульсів (спайків). Частота та інтервали між ними передають певну інформацію про вхідні сенсорні сигнали, спогади, відчуття чи вихідні інструкції системам організму.

② Рух імпульсу
Електричний розряд рухається аксоном від тіла клітини до синапсів.

Надсилання імпульсів

Нейрони переносять **інформацію** мозком і рештою нервової системи за допомогою крихітних **електричних** та **хімічних** сигналів. Навіть твої думки передаються електричними імпульсами!

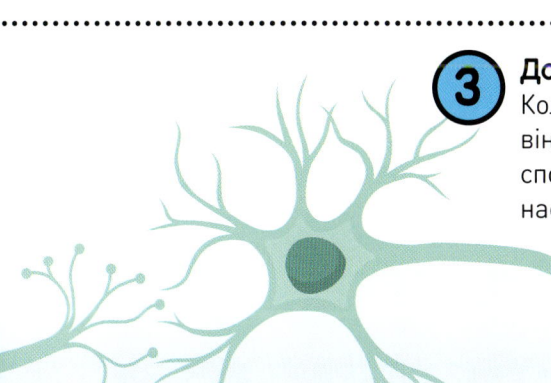

3 **До наступного нейрона**
Коли імпульс досягає синапсу, він спричиняє викид хімічних сполук, що передають сигнал наступному нейронові.

Аксонами без мієліну **імпульси** проходять, ніби **хвиля** — морем.

БІЛА ТА СІРА РЕЧОВИНА

Деякі нейрони вкриті жировою мієліновою оболонкою, що допомагає прискорити рух імпульсів. Нейрони з мієліном — білі, без нього — сірі.

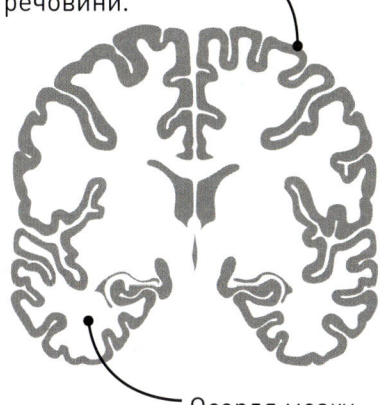

Кора мозку складається з сірої речовини.

Осердя мозку складається з білої речовини.

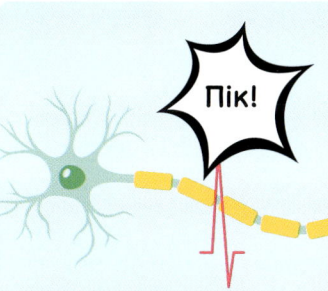

Слабкий сигнал
Що менше вхідних сигналів отримує нейрон, то менше імпульсів він надсилає.

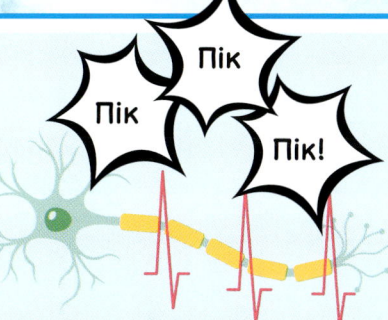

Сильний сигнал
Коли дендрити нейрона отримують багато вхідних сигналів, нейрон генерує багато імпульсів.

ПОСИЛЕННЯ СИГНАЛУ

Уяви нейрон, що відстежує твій голод. Коли ти ситий, він узагалі не надсилає імпульсів, натомість коли твій шлунок порожній, їх більшає. Частіші імпульси змушують тебе почуватися голоднішим.

21

Готові до стрибка

Коли імпульс досягає кінця аксона, він провокує вивільнення хімічних «посередників»-**нейромедіаторів** у крихітній структурі під назвою **синапс**. Ці речовини передають повідомлення наступному нейрону.

Більшість мозкових нейронів формує синапси з тисячами інших нейронів.

Синапси

Синапси поєднують нейрони й складаються з кінця аксона одного нейрона, крихітної щілини й ділянки дендрита другого нейрона. Хімічні сигнали долають цю щілину за тисячні частки секунди!

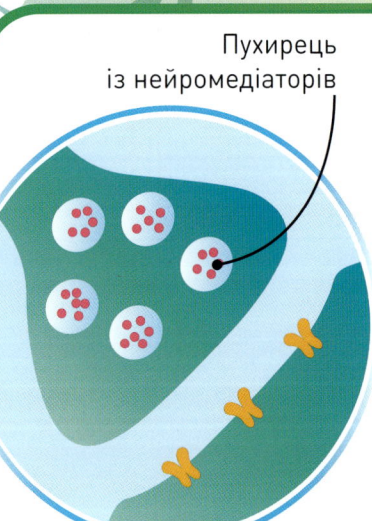

Пухирець із нейромедіаторів

Напоготові
Нейромедіатори зберігаються в маленьких округлих пухирцях у закінченні аксонів. Коли нейрон перебуває в стані спокою, вони нерухомі, але готові до дії.

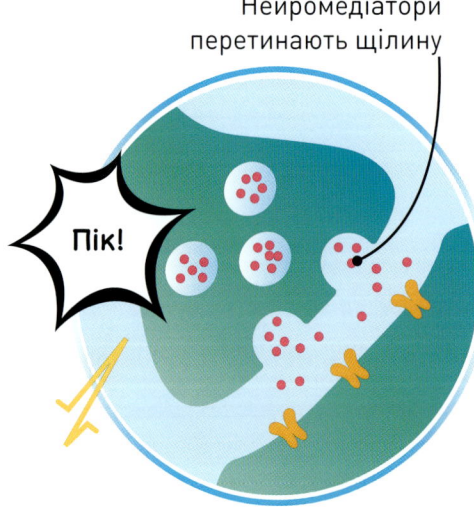

Нейромедіатори перетинають щілину

Вивільнення нейромедіаторів
Під дією електричного імпульсу деякі пухирці рухаються до краю нейрона й вивільняють нейромедіатори у щілину.

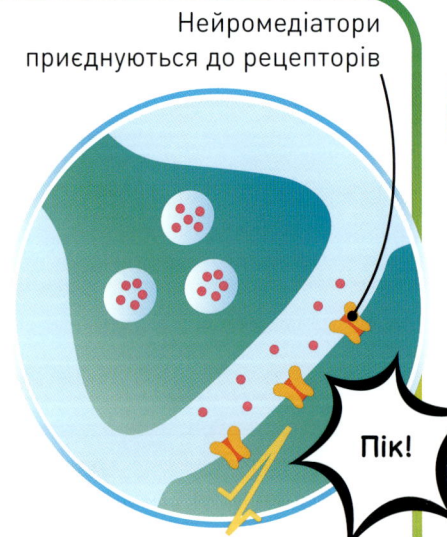

Нейромедіатори приєднуються до рецепторів

Передання сигналу
Нейромедіатори рухаються до іншого нейрона й приєднуються до рецепторів, впливаючи на його електричну активність. Після цього в нейроні може виникнути імпульс.

Спинитись чи рухатися?

Є два види синапсів: гальмівні (СТОП) і збуджувальні (РУШ). СТОП-синапси зменшують імовірність імпульсу в наступному нейроні. РУШ-синапси діють на нього навпаки. Нейрони підсумовують усі отримані сигнали СТОП і РУШ, щоб вирішити, чи проводити розряд далі.

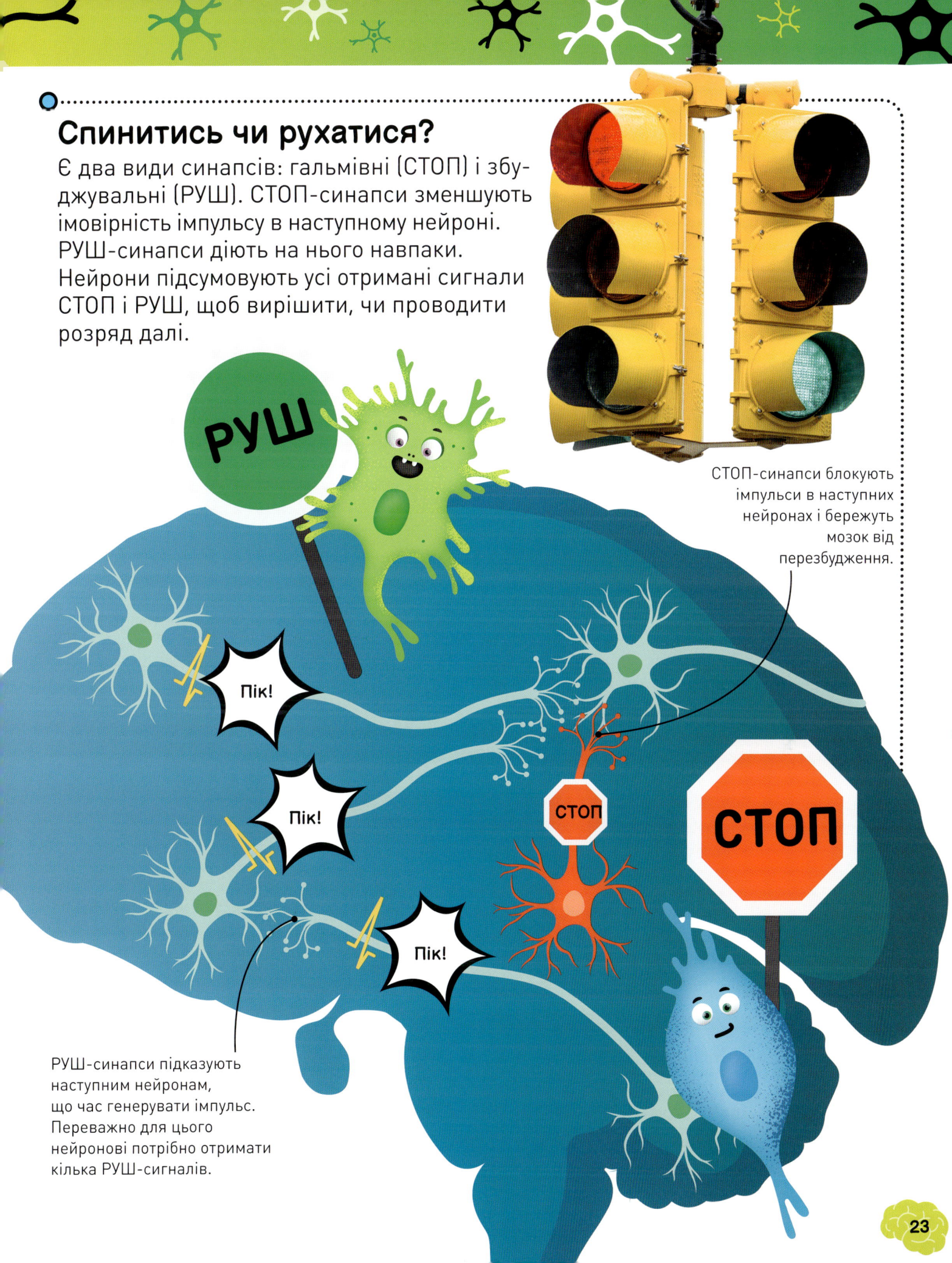

СТОП-синапси блокують імпульси в наступних нейронах і бережуть мозок від перезбудження.

РУШ-синапси підказують наступним нейронам, що час генерувати імпульс. Переважно для цього нейронові потрібно отримати кілька РУШ-сигналів.

Рефлекси

Рефлексами називають автоматичні реакції на певні події — скажімо, чхання після подразнення носа. Рефлекси є в усіх тварин, і мозок не завжди в них залучений. Нервові імпульси можуть потрапляти з органів чуття просто в спинний мозок, а звідти — до м'язів, чию реакцію викликають.

Чхання прочищає ніс автоматично, і мозкові не потрібно про це думати.

Простіший мозок

Людський мозок дуже **складний**, тому багато нейробіологів вивчають значно **простіших** живих організмів. На їхньому прикладі легше розібратися в **основних механізмах** роботи мозку, що допомагають пояснити принципи роботи складніших структур.

Рефлекси проти мислення

Мозок і нервова система використовують інформацію, щоб допомогти тварині вижити. Основний інструмент найпростішого мозку — рефлекси. Мислення повільніше, бо нова сенсорна інформація поєднується зі знанням і думками тварини про свої потреби перед вибором потрібної дії. Що складніший мозок, то більше він думає.

СИСТЕМНА ВІДПОВІДЬ

Круглий черв'як *C. elegans* керується переважно рефлексами й відповзає геть, коли торкнешся будь-якого його кінця.

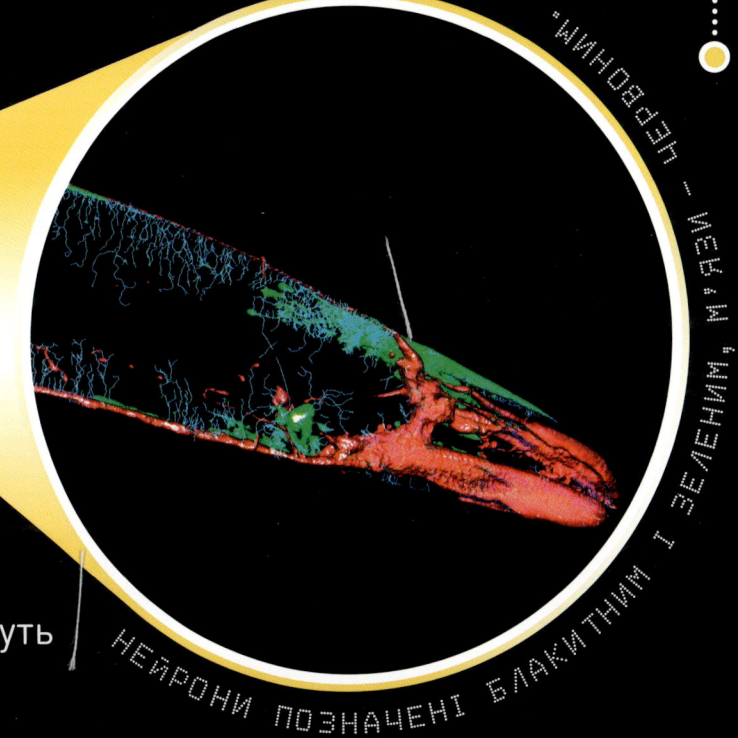

НЕЙРОНИ ПОЗНАЧЕНІ БЛАКИТНИМ І ЗЕЛЕНИМ, М'ЯЗИ — ЧЕРВОНИМ.

Прості організми

Деякі нейробіологи вивчають крихітного черв'яка *C. elegans*. Усі 302 його нейрони давно досліджені й описані, тому сучасні науковці можуть пояснити його просту поведінку, аналізуючи передання сигналів від нейрона до нейрона.

Не в усіх тварин є мозок.

РОСЛИНИ ПРОТИ ТВАРИН

Тваринам мозок потрібен, бо вони рухаються у просторі. Рослини прикріплені до одного місця, тому мозку не потребують — хоча деякі їхні види, як-от венерина мухоловка, навчилися швидко рухатися й без нейронів!

25

Дива тваринного мозку

У світі мільйони видів тварин, **і мозок кожного виду — особливий**. Структура мозку дуже залежить від способу життя.

Багато мозків

У кожній з восьми ніг восьминога є свій «міні-мозок», який називають ганглій. Щупальці восьминогам потрібні, щоб ловити здобич, досліджувати світ і смакувати поживу.

Щупальці
Кожне щупальце може рухатися самотужки, не чекаючи вказівок головного мозку.

Восьминіг — **найрозумніша** безхребетна тварина.

МОЗКОВЕ РОЗМАЇТТЯ
Мозок цих трьох створінь дуже відрізняється від нашого.

Зморщування землерийок
Узимку, коли їжі мало, мозок і череп звичайних землерийок зморщуються, щоб заощадити енергію, а навесні знову більшають!

Ходячі мізки
Відносно великий мозок допомагає крихітним павучкам плести павутину. У деяких видів мозок займає 80 % тіла й навіть переходить у кінцівки!

Безмозкі
Мозок морських асцидій зникає! Дитинчата цього виду вміють плавати, натомість дорослі особини прикріплюються до скель, мозку вже не потребують, тому, виростаючи, поглинають його.

Еволюція

Люди належать до ряду приматів. Вивчаючи рештки вже вимерлих видів, ми можемо побачити, звідки взялися наші сучасники. Залишки черепів показують, як змінювалися розмір і форма людського мозку.

млн р. тому = мільйонів років тому
до н. е. = до нашої ери

Homo erectus

Homo erectus ходили прямо, як сучасні люди, і мали більший мозок, ніж у *Homo habilis*. Вони використовували кам'яні сокири й, мабуть, розводили багаття.

Homo habilis

Череп *Homo habilis* був ширший, а обличчя й зуби — менші, ніж у більшості мавп. Кам'яні інструменти *Homo habilis* були складніші, ніж в австралопітеків.

Australopithecus africanus

У цієї африканської мавпи було кілька спільних рис із людиною. Вона ходила на двох ногах, мала кругліший череп і, мабуть, послуговувалась простими знаряддями праці.

3,3–2,1 млн р. тому

2,4–1,6 млн р. тому

1,8 млн р. тому — 100 000 р. до н. е.

Олюднення

Щоб зрозуміти, звідки взялися люди, дослідники шукають **викопні рештки** й аналізують близькоспоріднених тварин. **Збільшення мозку** — один із найважливіших складників людської **еволюції**.

Homo neanderthalensis
Неандертальці — найближчі родичі сучасних людей. Вони були нижчі й мали більшу м'язову масу, але мозок мали такого самого розміру, що й ми, і вже носили примітивний одяг.

Homo sapiens
Історія нашого виду почалася близько 300 000 років тому. Людський мозок відтоді не дуже змінився, але життя стало іншим, бо ми багато чого навчилися.

300 000 р. до н. е. — нині

400 000 — 40 000 р. до н. е.

Родинне дерево
Еволюція ніколи не відбувається прямо й без відгалужень. Від наших предків-мавп походить багато людиноподібних видів, та лиш одна гілка привела до появи сучасної людини.

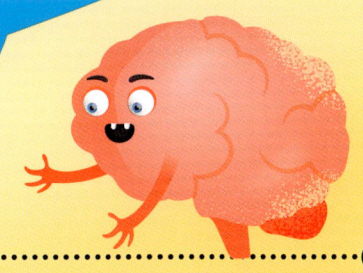

- Australopithecus
  - Homo habilis
    - Homo erectus
      - Homo neanderthalensis
      - Homo sapiens

Близькі родичі
Шимпанзе — наші найближчі родичі: у нас 99 % спільних генів! Мозок їхній утричі менший за людський, зате вони роблять і використовують прості інструменти.

У ШКІРІ Є БАГАТО РІЗНИХ ДОТИКОВИХ РЕЦЕПТОРІВ.

Відчути ДОТИК

По всій **поверхні** твого тіла розкидані крихітні **рецептори**, які реагують, коли щось **контактує** зі шкірою. Дотик, температуру й біль сприймають різні рецептори.

Аксони дотику
Довгі аксони тягнуться від кінчиків твоїх пальців уздовж дотикових нейронів до спинного мозку.

Відчуття шкірою

Дотикові нейрони пов'язані з рецепторними клітинами, що реагують на дотик і тиск. Інші нейрони, не пов'язані з цими клітинами, реагують на дотик, температуру, свербіж і біль.

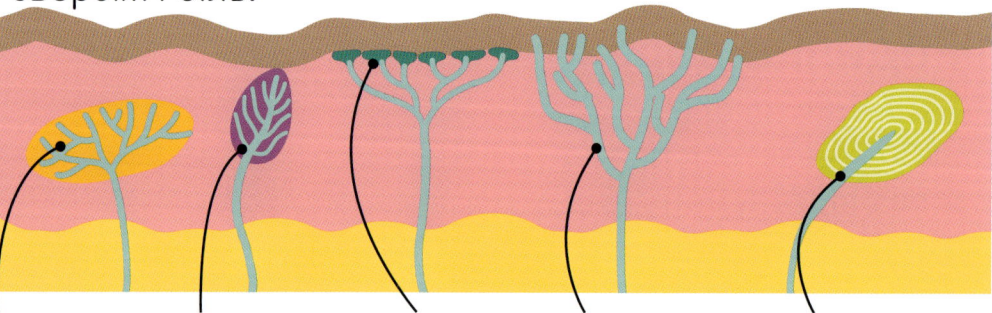

Тільця Руффіні
Ці нервові закінчення реагують на розтягування шкіри.

Тільця Мейснера
Ці рецепторні клітини реагують на дуже слабкі дотикові сигнали.

Клітини Меркеля
Ці рецептори допомагають відчувати легкі дотики.

Вільні нервові закінчення
Закінчення нейронів, що реагують на біль, свербіж, температуру.

Тільця Пачіні
Клітини цього типу реагують на раптовий доторк і вібрації.

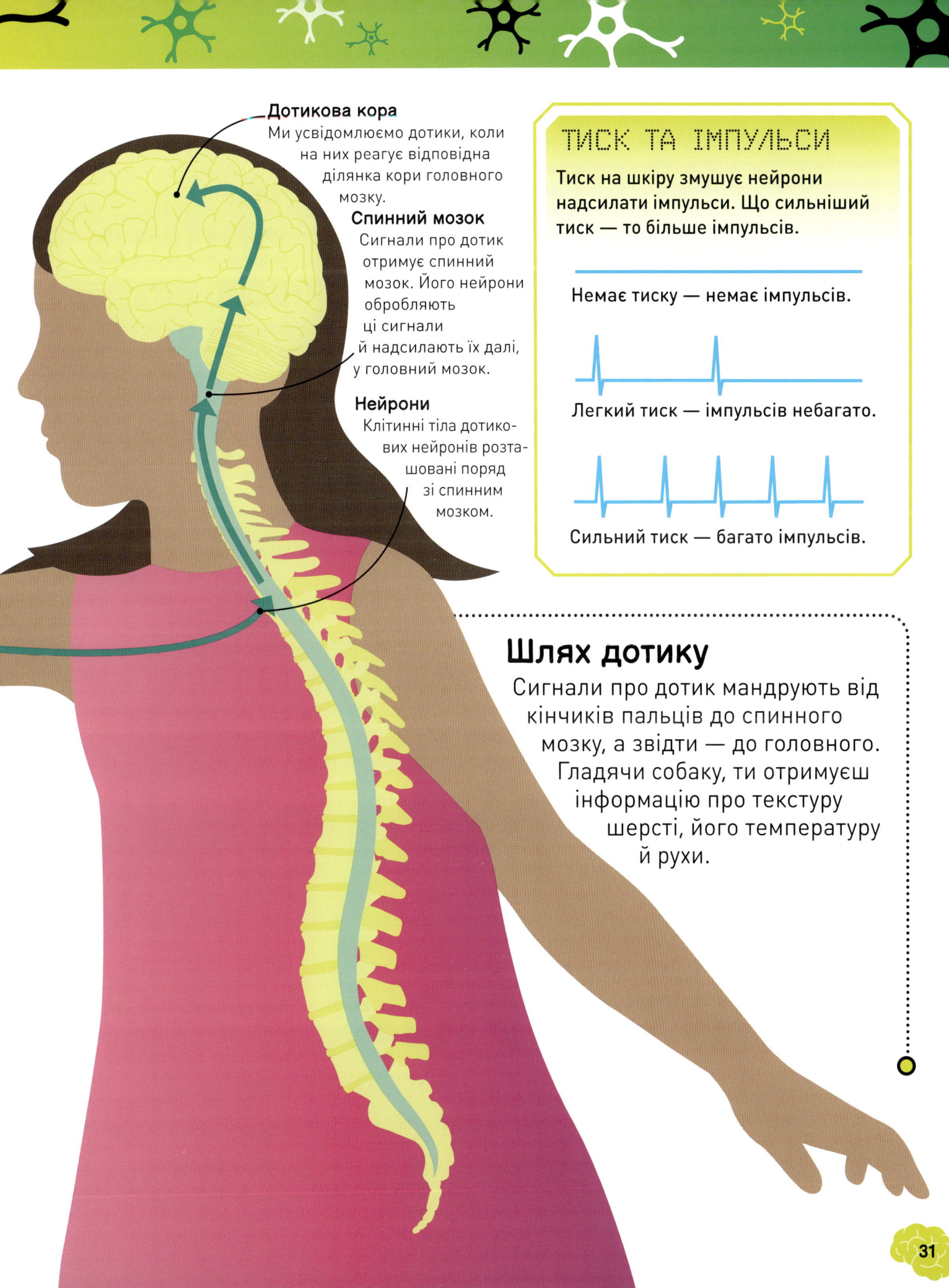

Дотикова кора
Ми усвідомлюємо дотики, коли на них реагує відповідна ділянка кори головного мозку.

Спинний мозок
Сигнали про дотик отримує спинний мозок. Його нейрони обробляють ці сигнали й надсилають їх далі, у головний мозок.

Нейрони
Клітинні тіла дотикових нейронів розташовані поряд зі спинним мозком.

ТИСК ТА ІМПУЛЬСИ

Тиск на шкіру змушує нейрони надсилати імпульси. Що сильніший тиск — то більше імпульсів.

Немає тиску — немає імпульсів.

Легкий тиск — імпульсів небагато.

Сильний тиск — багато імпульсів.

Шлях дотику

Сигнали про дотик мандрують від кінчиків пальців до спинного мозку, а звідти — до головного. Гладячи собаку, ти отримуєш інформацію про текстуру шерсті, його температуру й рухи.

31

Запах полуниць

Щось має запах, якщо вивільнює в повітря хімічні сполуки. У носі розташовано багато різних нейронів із рецепторами, що вловлюють ці хімічні сполуки в повітрі. Суміш різних сполук, яка створює запах, активує лише деякі ці нейрони.

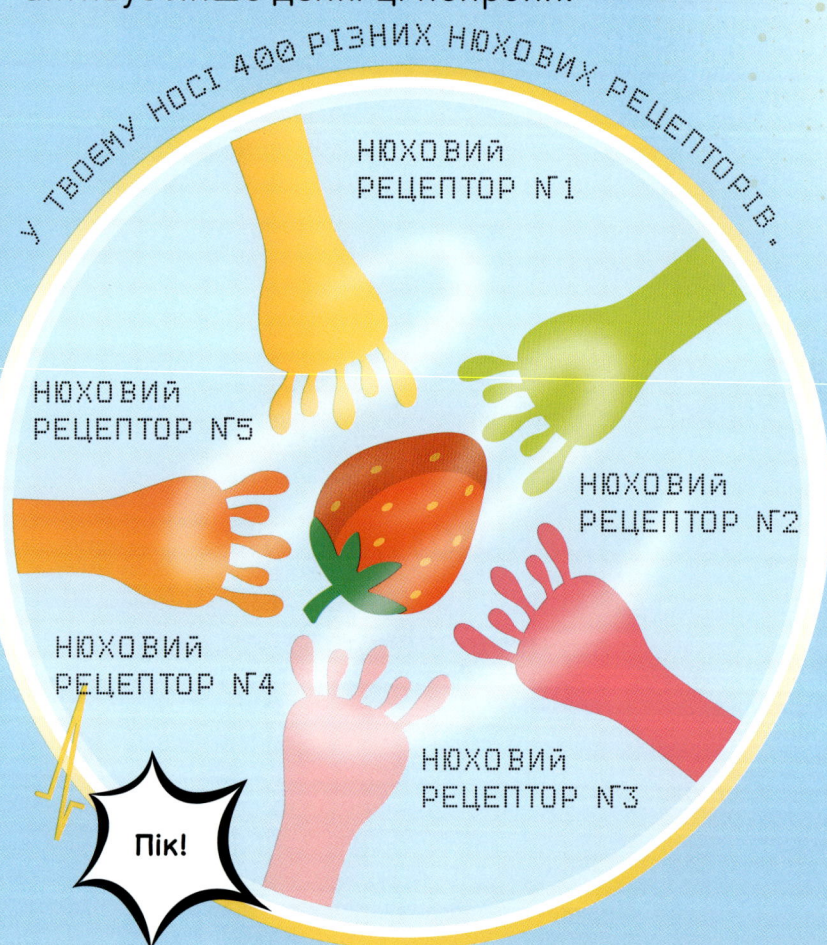

У слонів нюхових рецепторів найбільше з-поміж усіх тварин — понад **2000**!

Закапелки пам'яті

Шлях, яким нюхова інформація потрапляє в мозок, пов'язаний із ділянками, що відповідають за спогади та емоції. Саме тому знайомі запахи часто вертають нас у минуле, пробуджуючи сильні спогади.

Запах і смак

За запах і смак відповідають певні **хімічні сполуки**. Вдихаючи ці сполуки **носом**, ти відчуваєш їхній запах. Хімічні сполуки, що містяться в їжі, активують смакові сосочки на **язику**.

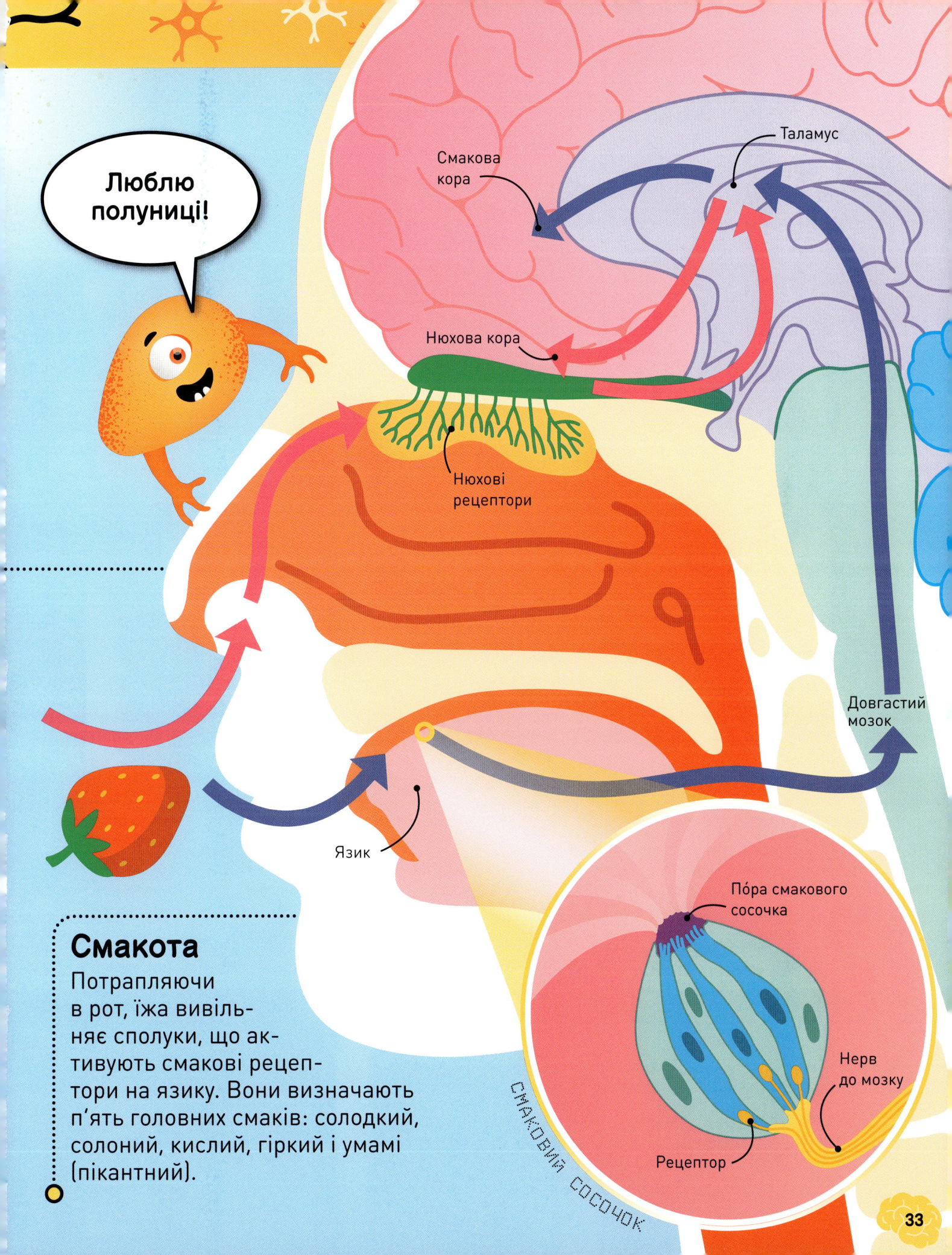

Люблю полуниці!

Смакова кора

Таламус

Нюхова кора

Нюхові рецептори

Довгастий мозок

Язик

Пора смакового сосочка

Нерв до мозку

Рецептор

СМАКОВИЙ СОСОЧОК

Смакота

Потрапляючи в рот, їжа вивільняє сполуки, що активують смакові рецептори на язику. Вони визначають п'ять головних смаків: солодкий, солоний, кислий, гіркий і умамі (пікантний).

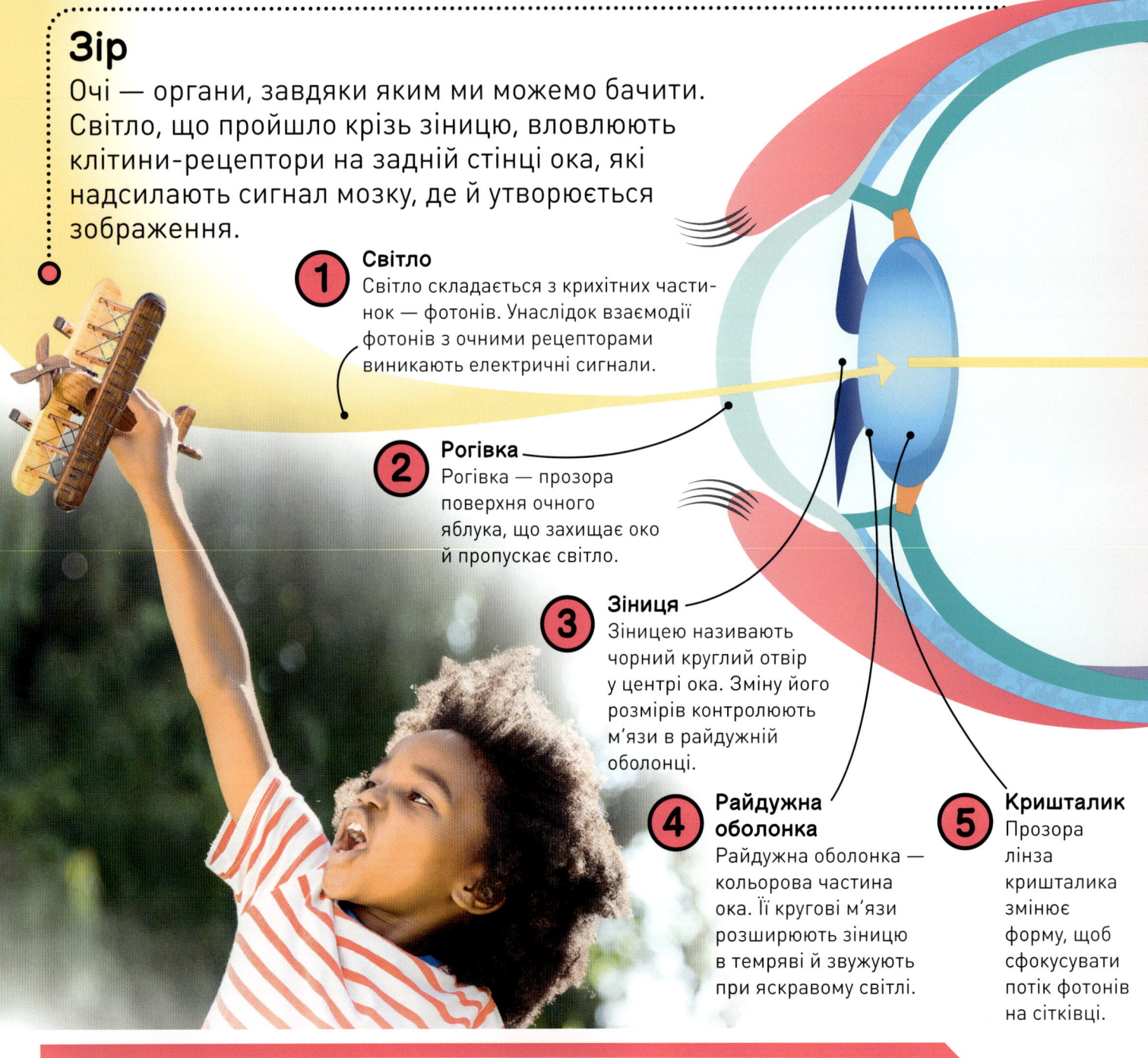

Зір

Очі — органи, завдяки яким ми можемо бачити. Світло, що пройшло крізь зіницю, вловлюють клітини-рецептори на задній стінці ока, які надсилають сигнал мозку, де й утворюється зображення.

1 Світло
Світло складається з крихітних частинок — фотонів. Унаслідок взаємодії фотонів з очними рецепторами виникають електричні сигнали.

2 Рогівка
Рогівка — прозора поверхня очного яблука, що захищає око й пропускає світло.

3 Зіниця
Зіницею називають чорний круглий отвір у центрі ока. Зміну його розмірів контролюють м'язи в райдужній оболонці.

4 Райдужна оболонка
Райдужна оболонка — кольорова частина ока. Її кругові м'язи розширюють зіницю в темряві й звужують при яскравому світлі.

5 Кришталик
Прозора лінза кришталика змінює форму, щоб сфокусувати потік фотонів на сітківці.

Побачити світ

Зір — дуже важливе людське чуття. Очі збирають **світло** й перетворюють його на нервові сигнали, за допомогою яких мозок формує **картину світу**.

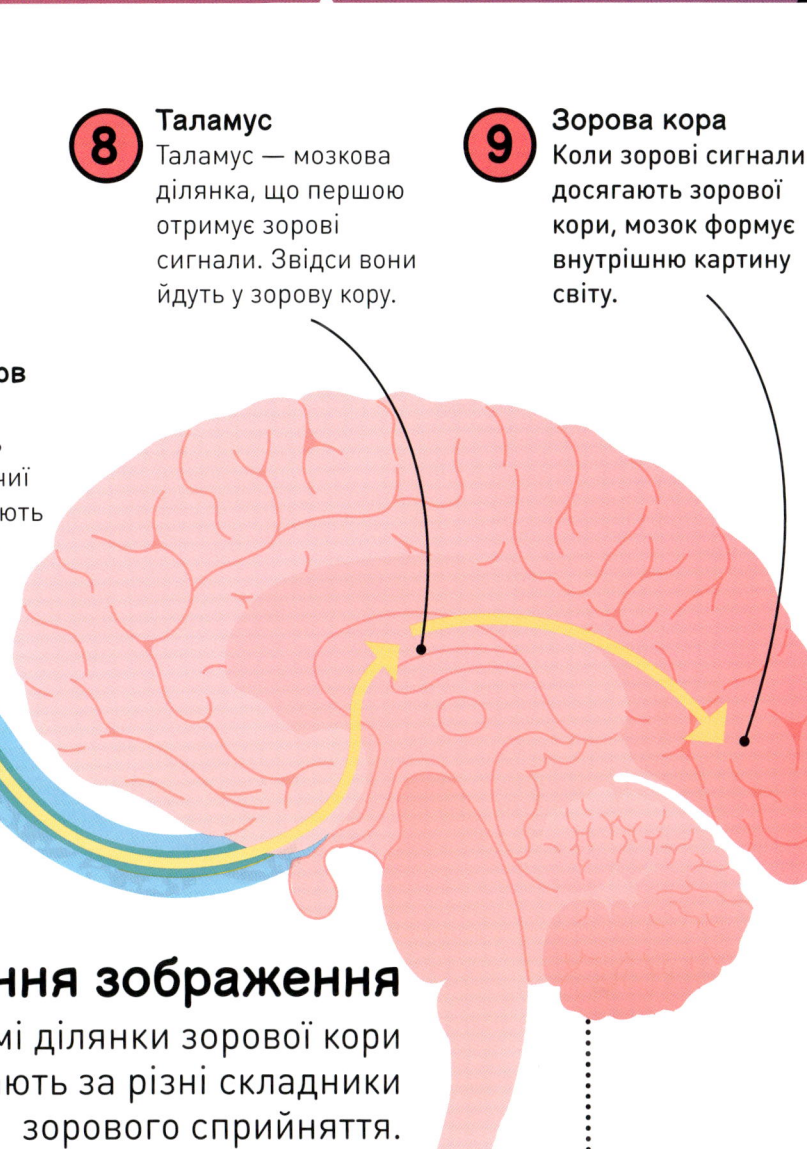

8 Таламус
Таламус — мозкова ділянка, що першою отримує зорові сигнали. Звідси вони йдуть у зорову кору.

9 Зорова кора
Коли зорові сигнали досягають зорової кори, мозок формує внутрішню картину світу.

7 Зоровий нерв
Імпульси від сітківки йдуть до нейронів, чиї аксони прямують до головного мозку.

6 Сітківка
Рецептори, що перетворюють потік фотонів на нервові імпульси, розташовані в сітківці — оболонці на задній стінці ока.

Створення зображення

Окремі ділянки зорової кори відповідають за різні складники зорового сприйняття. Деякі фокусуються на кольорах, деякі на рухах, а деякі сполучають дві картинки з лівого та правого ока в одну.

ОПТИЧНА ІЛЮЗІЯ

Часом мозок помиляється. Комбінація кольорів і форм на малюнку праворуч обдурює мозок, і він бачить там рух. Це явище зветься оптичною ілюзією.

Слух

Ми сприймаємо звуки вухами. Саме там розташовані особливі рецепторні волоскові клітини, що перетворюють звукові вібрації на електричні сигнали. У мозку ці сигнали стають звуками.

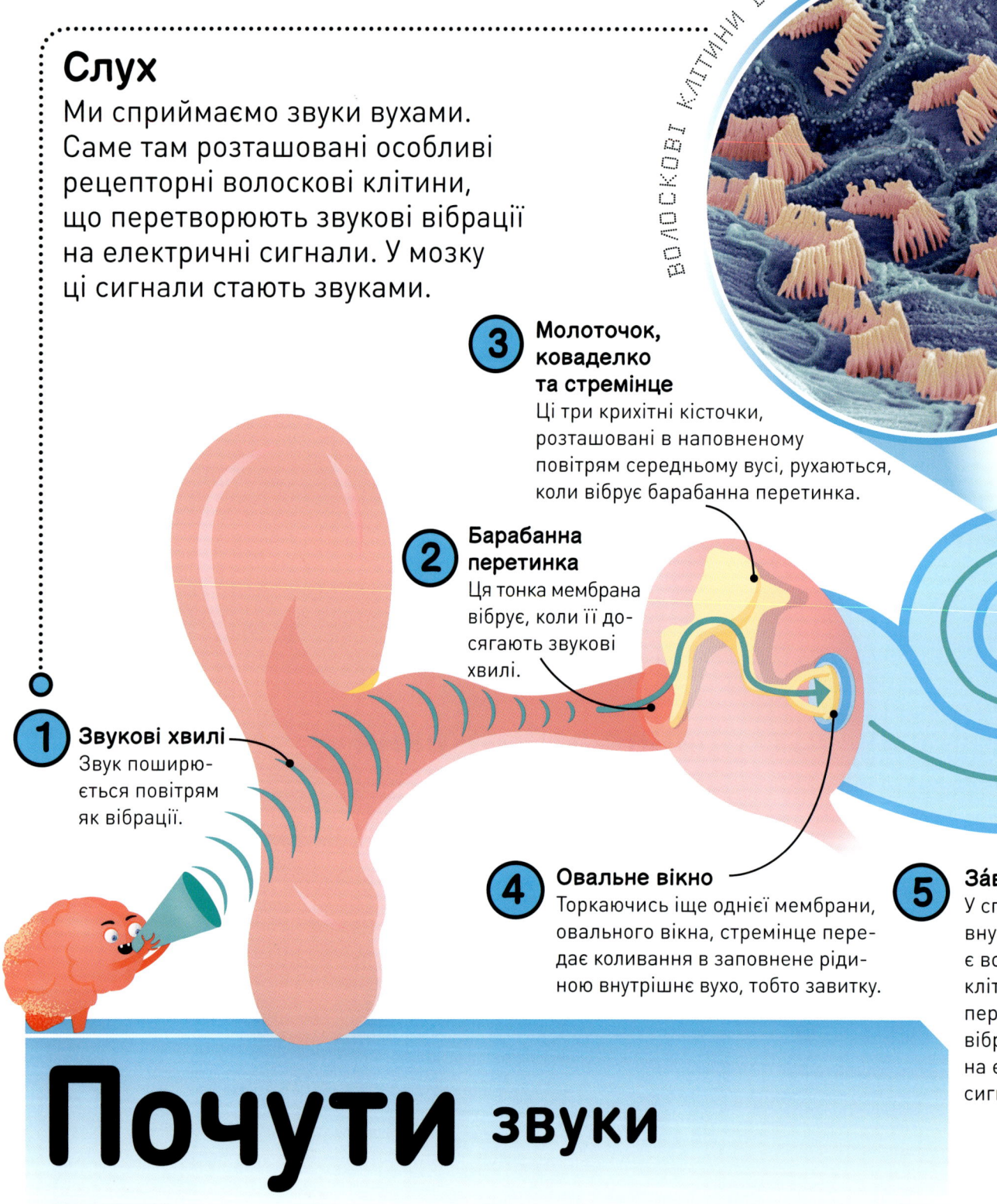

ВОЛОСКОВІ КЛІТИНИ В ЗАВИТЦІ

3 Молоточок, коваделко та стремінце
Ці три крихітні кісточки, розташовані в наповненому повітрям середньому вусі, рухаються, коли вібрує барабанна перетинка.

2 Барабанна перетинка
Ця тонка мембрана вібрує, коли її досягають звукові хвилі.

1 Звукові хвилі
Звук поширюється повітрям як вібрації.

4 Овальне вікно
Торкаючись іще однієї мембрани, овального вікна, стремінце передає коливання в заповнене рідиною внутрішнє вухо, тобто завитку.

5 За́витка
У спіралевидному внутрішньому вусі є волоскові клітини, що перетворюють вібрації на електричні сигнали.

Почути звуки

Звуки (як-от пташиний щебет) — це **коливання повітря**. Ти визначаєш звуки, коли вони потрапляють тобі у вуха, де перетворюються на сигнали, що надсилаються в **мозок**.

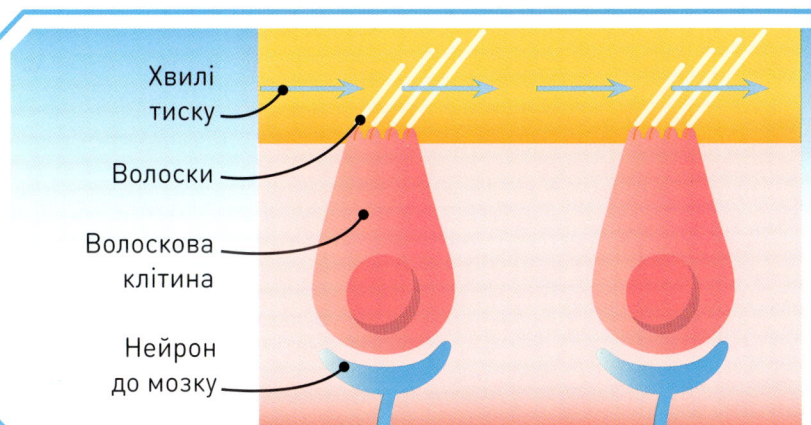

ВОЛОСКОВІ КЛІТИНИ

Волоскові клітини розташовані в завитці. На їхній поверхні є крихітні волоски, що згинаються, коли вібрації проходять рідиною в каналі завитки. Волоски перетворюють вібрації на електричні сигнали, які потім передаються в мозок.

Хвилі тиску
Волоски
Волоскова клітина
Нейрон до мозку

6 Нерв
Пучок аксонів передає сигнали від завитки до мозку.

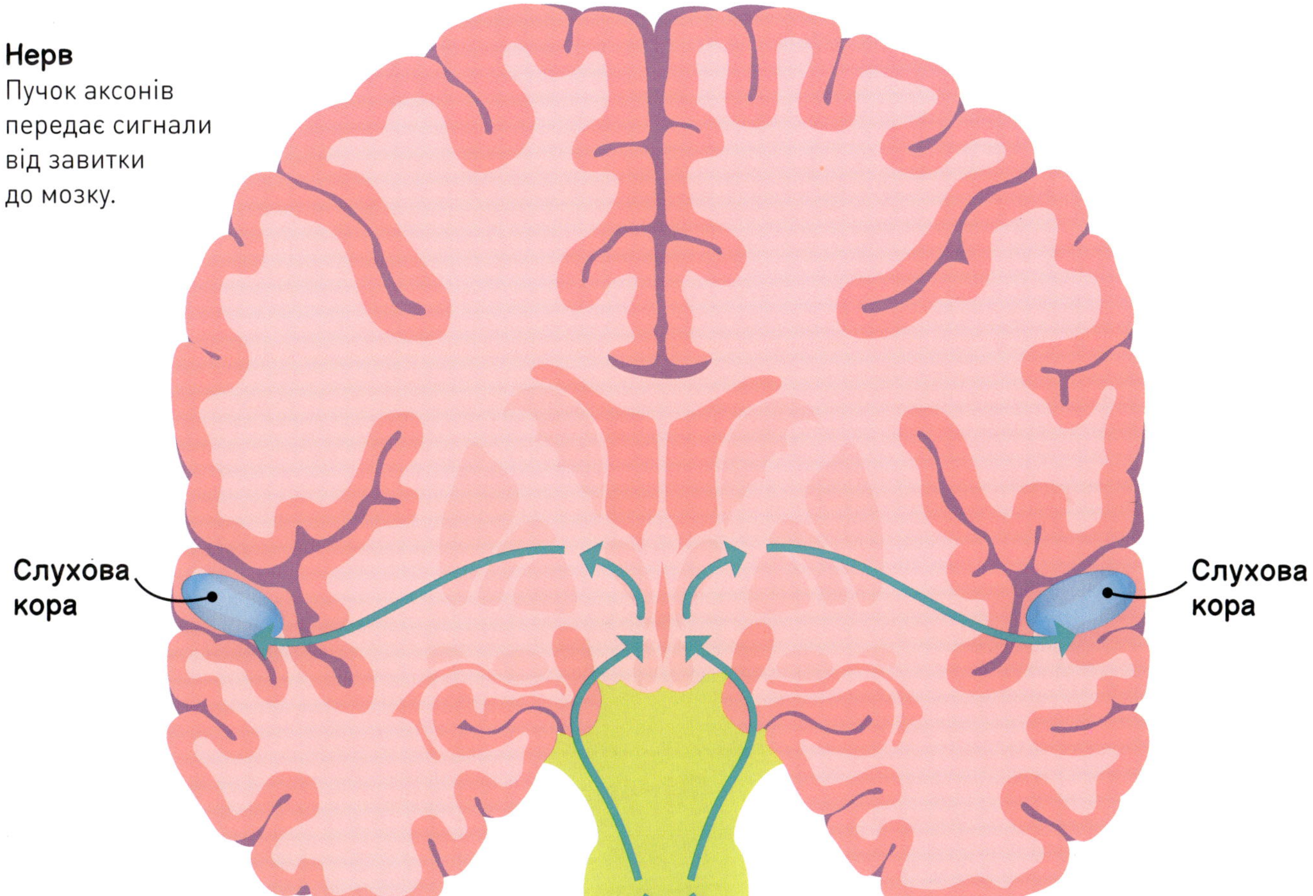

Слухова кора

Слухова кора

Усередині мозку

Коли звукові сигнали потрапляють у мозок, він порівнює час отримання сигналу правим і лівим вухом, щоб визначити, звідки лунає звук.

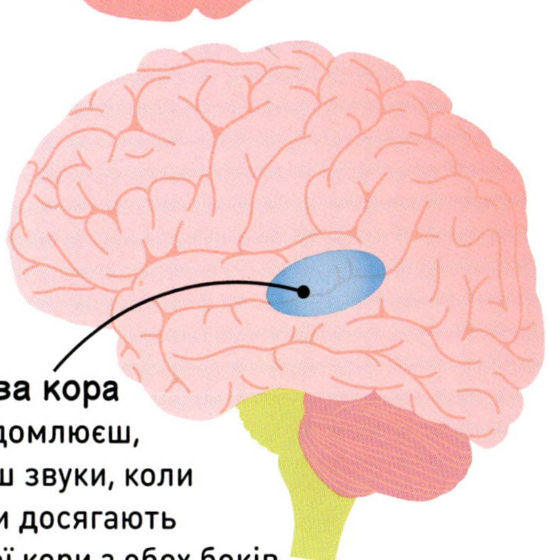

Слухова кора
Ти усвідомлюєш, що чуєш звуки, коли сигнали досягають слухової кори з обох боків головного мозку.

37

Що нами рухає

Шукаючи їжу, тікаючи від небезпек, граючись і займаючись спортом, ми маємо **рухатися**. Мозок рухає тілом, контролюючи його **м'язи**.

Багато м'язів
Отак виглядає тіло без шкіри! Більшість м'язів прикріплені до кісток. Тіло рухається, коли ці м'язи напружуються й рухають його скелет.

Зігнути
Коли мозок надсилає надсилає біцепсу сигнал скоротитися, твоя рука згинається.

Випрямити
Коли мозок надсилає сигнал скорочення до триголового м'яза плеча (трицепса), твоя рука випрямляється.

Зігнути чи випрямити
М'язи здебільшого розташовані попарно. На руці така пара — двоголовий та триголовий м'язи плеча. Їх контролює нервова система. Мозок подає сигнал — і м'яз скорочується, щоб ти зробив(ла) рух. Якщо сигналу нема, м'яз далі лишається розслаблений.

У людському тілі приблизно **700 м'язів**.

РУХОВА КОРА

За контроль рухів відповідають три зони кори головного мозку, що взаємодіють зі внутрішньомозковими структурами. Саме завдяки їм ти рухаєшся.

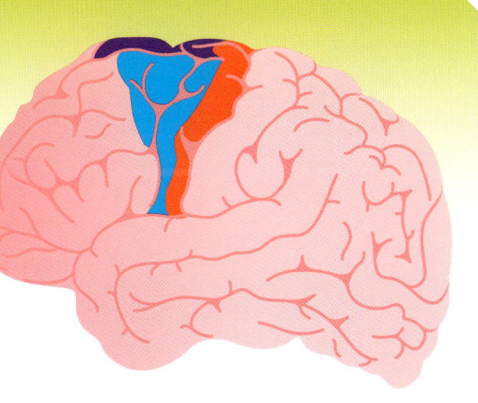

Контроль м'язів

Влучний кидок м'яча — результат правильного руху рукою, кистю та м'язами пальців. Мозок координує різні м'язи й наказує їм скорочуватися вчасно і з належною амплітудою.

Мозок постійно отримує сигнали від органів чуттів і корегує м'язи, щоб м'яч полетів куди треба.

М'яз отримує сигнал мозку швидше, ніж за десяту частку секунди.

39

Зіниці звужені

Легені розслаблені

Активніше травлення

Розслаблення

Коли відпочиваєш, мозок розслабляє тіло за допомогою парасимпатичної нервової системи (що входить до складу вегетативної нервової системи). Коли немає небезпеки та нагальних справ, ти зберігаєш і накопичуєш енергію.

Повільніше серцебиття

Завжди напоготові

Мозок стежить, щоб тіло було готове до всього — хоч до **розслаблення**, хоч до **дії**. Допомагають мозкові нерви, що з'єднують його з усіма частинами тіла й формують **вегетативну нервову систему (ВНС)**.

КОНТРОЛЬ КРОВІ

Що активніше ти рухаєшся, то більше тілу потрібно крові. Серце б'ється завжди, але ВНС може його прискорити чи сповільнити.

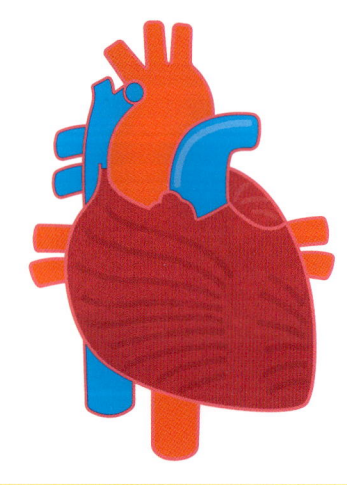

Зіниці розширені

Легені напоготові

Менша травна активність

Активність

Коли тілові потрібно діяти, мозок активізує його за допомогою іншого відділу АНС — симпатичної нервової системи. Травлення сповільнюється, решта систем тіла готується до дій.

Швидше серцебиття

А ще мозок контролює виділення гормонів — хімічних сполук, що допомагають підготувати тіло до дії.

Бити чи тікати?
Наражаючись на небезпеку, ти маєш швидко вирішувати, боротися чи тікати. Симпатична нервова система готує тіло до обох варіантів.

41

Знає, що тобі треба!

Мозок **знає**, коли ти перемерз, перегрівся чи переїв, і вміє цьому зарадити. Далі ми подивимось, як мозок дізнається, що ти зголоднів(ла), і **сигналізує, що вже час** поїсти.

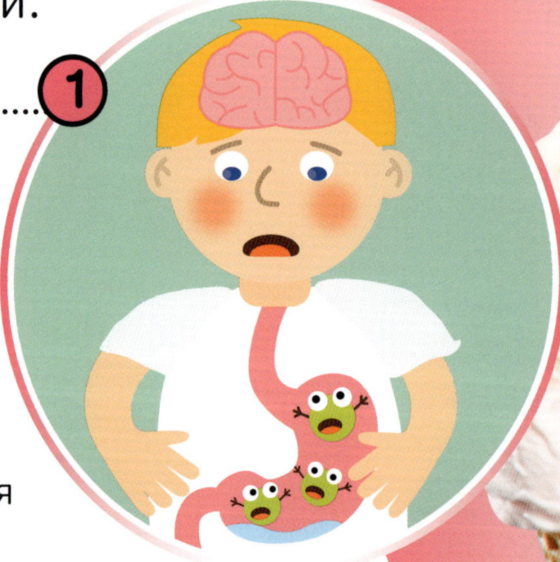

Їжа, яку ти спожив, всмоктується, ти використовуєш її енергію й знову стаєш голодним.

1 Голод

Твій порожній шлунок виділяє гормон (хімічний сигнал) грелін, який кров'ю транспортується в мозок, приєднується до певних нейронів і провокує відчуття голоду.

2 Полювання на їжу

Коли ти голодний, то хочеш їсти. Ти можеш пошукати їжу, а можеш її попросити. Мозок допомагає помічати все, що виглядає чи пахне як їжа.

④ Відчуття наповненості

Що знайшли — те й з'їли! Коли шлунок наповнюється, він припиняє виробляти грелін, а нейрони надсилають мозку сигнали про те, що шлунок розтягнений їжею.

③ Ситість

Кишківник, розташований після шлунку, виділяє гормони, коли до нього потрапляє їжа. Саме вони повідомляють мозкові, що ми наїлися. Після цього голод зникає, а ми перестаємо їсти... ну, бодай ненадовго.

Гіпоталамус — ділянка мозку, найважливіша для контролю голоду.

НЕГАТИВНИЙ ЗВОРОТНИЙ ЗВ'ЯЗОК

Коли ми голодні чи пересичені, мозок і тіло модифікують нашу поведінку, щоб це змінити. І тіло, і мозок використовують цей «негативний зворотний зв'язок», щоб ми почувалися нормально.

Мозок немовляти

На ранніх стадіях життя головний і спинний мозок формуються зі структури, що має назву нервова трубка. Поки організм розвивається в материнській утробі, мозок швидко росте й до народження вже сягає розмірів великого апельсина.

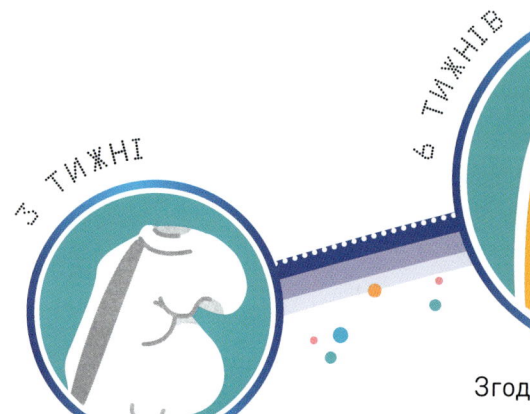

Усередині ембріона (так називають зародок дитини, якому від двох до восьми тижнів) утворюється нервова трубка.

Згодом передній кінець нервової трубки дуже швидко росте й ділиться на кілька різних частин.

На 9-му тижні секції нервової трубки починають перетворюватися на спинний, задній, середній і передній мозок. Ненароджену дитину відтепер називають плодом.

Умовні позначення
- Передній мозок
- Середній мозок
- Задній мозок
- Спинний мозок

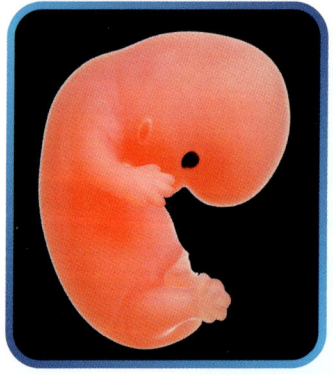

Мозок восьмитижневого зародка не більший за **ягоду малини**!

Поява МОЗКУ

Людський мозок утворюється, поки немовля росте в материнській утробі. **Розвиток** мозку залежить від команд у **ДНК дитини** та її **відчуттів**.

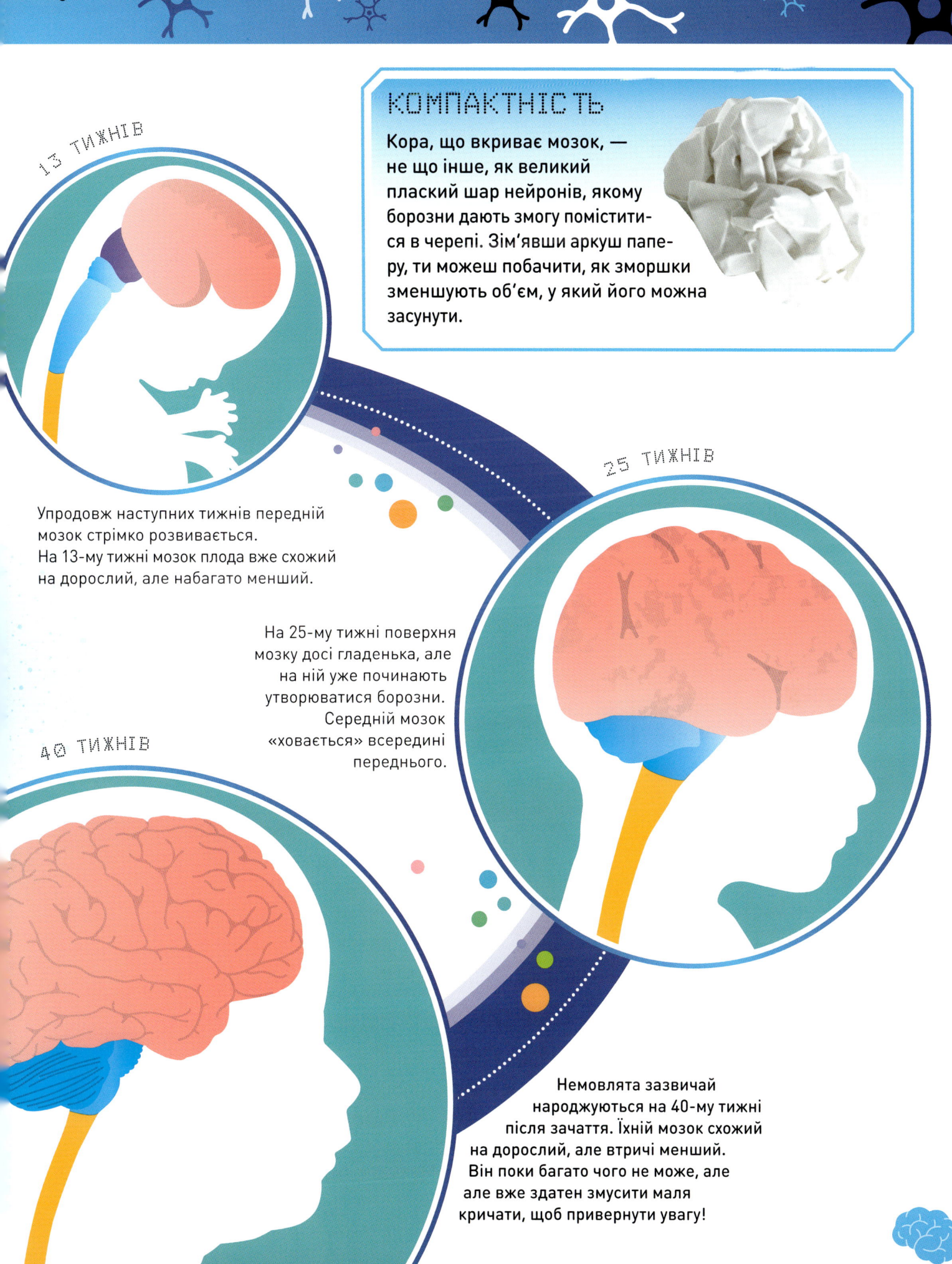

Мозок росте

Мозок новонароджених іще дуже довго **ростиме**. Переважно його розвиток контролює **ДНК**, але **досвід** теж впливає на розвиток мозку.

ЗАХОПЛИВЕ ДОВКІЛЛЯ

У мишей, які мають багато місць для дослідження й різні заняття, більший мозок і густіша мережа нейронних зв'язків, ніж у тих мишей, що живуть у звичайних «нудних» хатинках. Ба більше: вони ще й розумніші!

Спершу швидше, тоді повільніше

Мозок новонародженого втричі менший за дорослий. У перший рік життя він удвічі більшає, але потім росте повільніше, аж поки не виросте до 20 років.

Мереживо зв'язків

До народження дитини формуються майже всі нейрони її мозку, але спершу вони дуже прості й мають мало контактів з іншими нейронами. Навчання й досвід визначають, які синапси утворюються, а які будуть зруйновані.

Ріст
Разом із дитиною ростуть її нейрони — видовжуючись і поєднуючись між собою.

Синапси
З часом синапсів стає дедалі більше й навіть трохи забагато.

Розрідження
Згодом деякі синапси зникають — лишаються тільки найсильніші й часто використовувані.

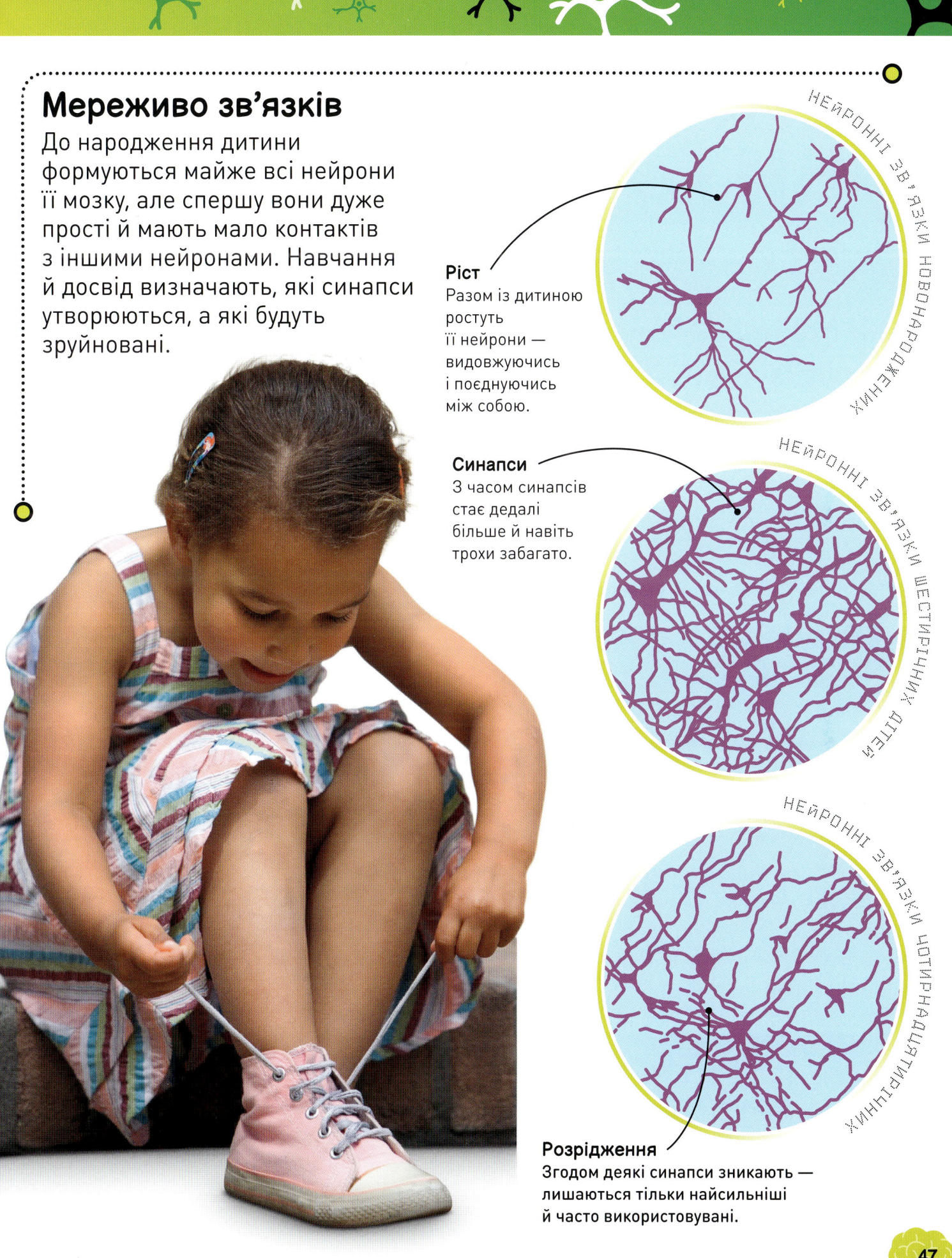

НЕЙРОННІ ЗВ'ЯЗКИ НОВОНАРОДЖЕНИХ

НЕЙРОННІ ЗВ'ЯЗКИ ШЕСТИРІЧНИХ ДІТЕЙ

НЕЙРОННІ ЗВ'ЯЗКИ ЧОТИРНАДЦЯТИРІЧНИХ

Як мозок учиться

Мозок може навчитися дуже багатьох складних штук. **Нові знання** він отримує, утворюючи між нейронами **синапси**, що поступово **міцнішають** у міру використання!

Одна з особливостей мозку — наявність вроджених інстинктів. Собачий мозок від народження знає, що запах м'яса — це запах їжі, і собаки люблять їжу!

Асоціативне навчання

Мозок чудово вміє асоціювати (зіставляти) різні події. Якщо від кількох одночасних подій імпульс проходить різними нейронами, ці нейрони формують міцні синапси. Асоціювати можна будь-які події.

Люблю вчитися!

Навчання через повтори

Чому тренування ведуть до досконалості? Бо нейрони, які часто проводять імпульси разом, формують сильніші синапси. Після багатьох повторів пригадати, що потрібно робити, набагато легше.

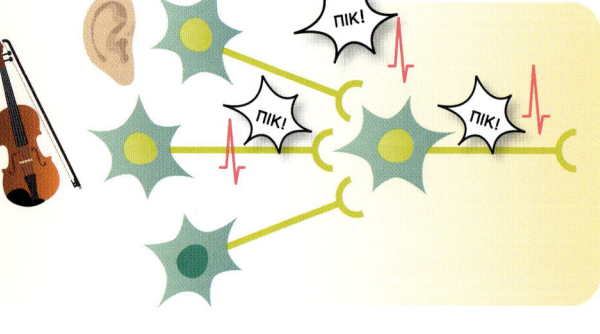

Навчаючись грати на скрипці, ти асоціюєш рухи смичка з нотами, по яких граєш.

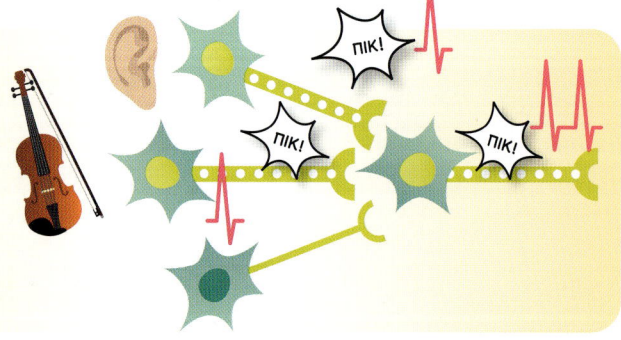

Після тренувань синапси, що зіставляють рухи з нотами, міцнішають.

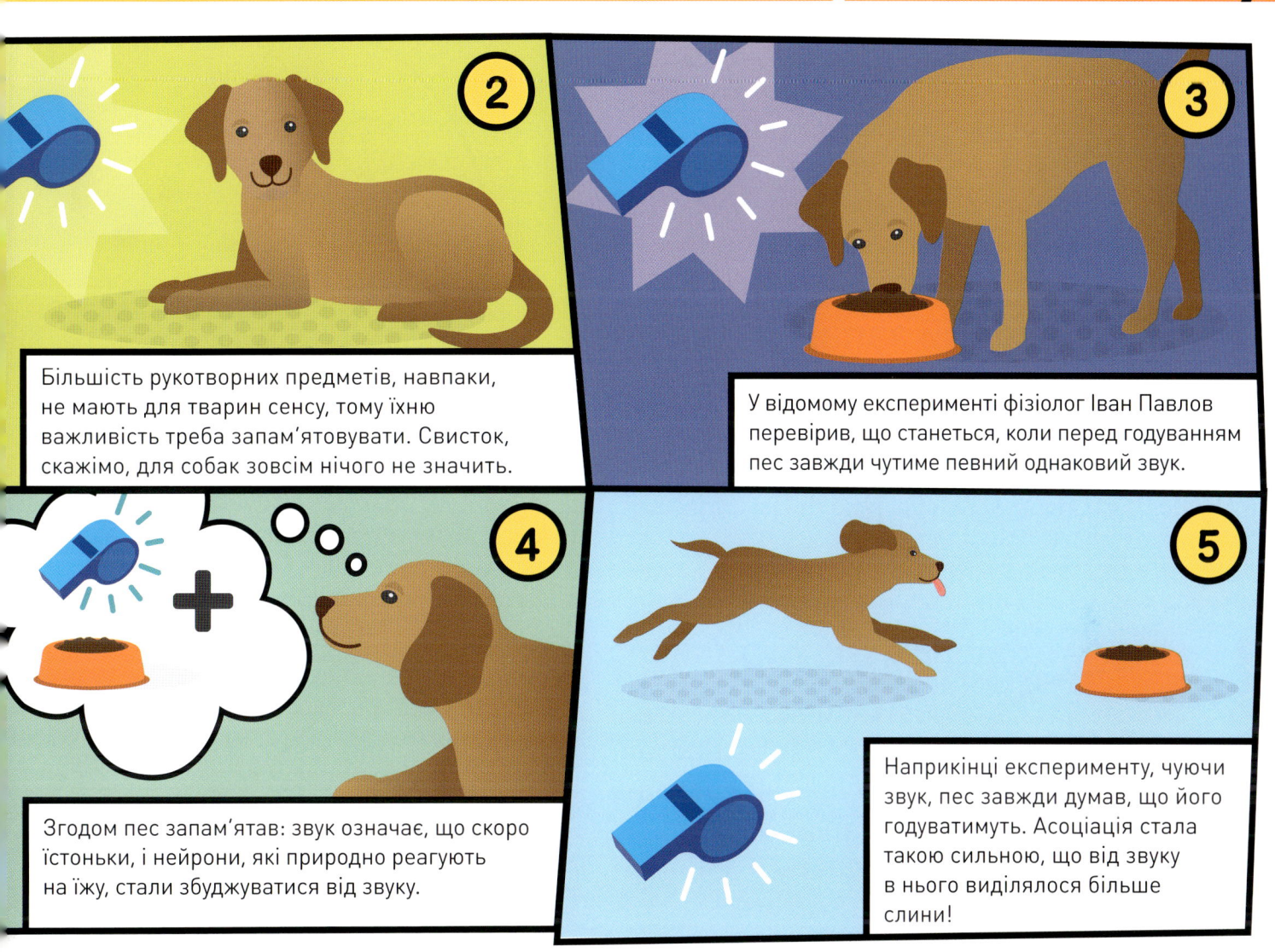

2. Більшість рукотворних предметів, навпаки, не мають для тварин сенсу, тому їхню важливість треба запам'ятовувати. Свисток, скажімо, для собак зовсім нічого не значить.

3. У відомому експерименті фізіолог Іван Павлов перевірив, що станеться, коли перед годуванням пес завжди чутиме певний однаковий звук.

4. Згодом пес запам'ятав: звук означає, що скоро їстоньки, і нейрони, які природно реагують на їжу, стали збуджуватися від звуку.

5. Наприкінці експерименту, чуючи звук, пес завжди думав, що його годуватимуть. Асоціація стала такою сильною, що від звуку в нього виділялося більше слини!

Навчання через результат

Мозок фіксує наслідки наших дій. Якщо вони позитивні, ти вчишся їх повторювати. Коли вчиняєш правильно, у мозку виділяється нейромедіатор дофамін, який допомагає посилити цю асоціацію.

Дофамін діє на різні зони мозку — скажімо, на гіпокамп, де зберігаються спогади про хороші вчинки.

Дофамін — нейромедіатор винагороди.

Нові спогади

Спогади допомагають мозку вчитись нового й **запам'ятовувати** досвід. За створення спогадів у мозку відповідає **гіпокамп** — але **пам'ять** буває різна.

На вечірці
Під час переживання певних подій або вивчення нового активується багато нейронів у різних ділянках кори головного мозку й гіпокампі.

А пам'ятаєш…

Пам'ятаю!
Епізодична пам'ять відповідає за поетапне формування спогадів («епізодів»), що складається з появи спогаду, його зберігання й відтворення. Важливу роль у цих процесах виконує гіпокамп.

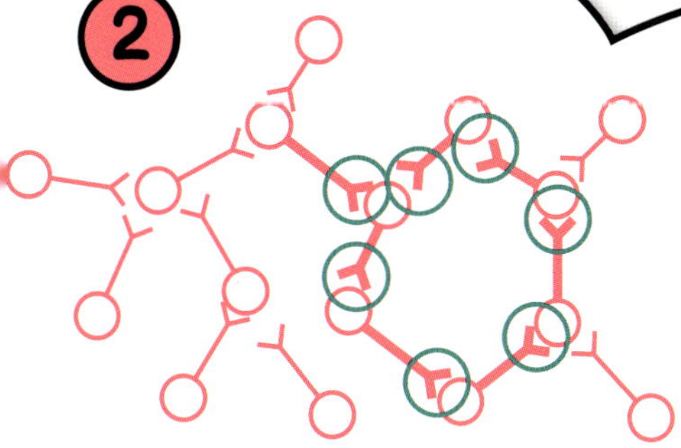

② Формування спогаду
Одночасне проходження імпульсів через ці нейрони посилює їхні зв'язки. Спогад виникає, коли зв'язки гіпокампа з корою головного мозку зміцнюються.

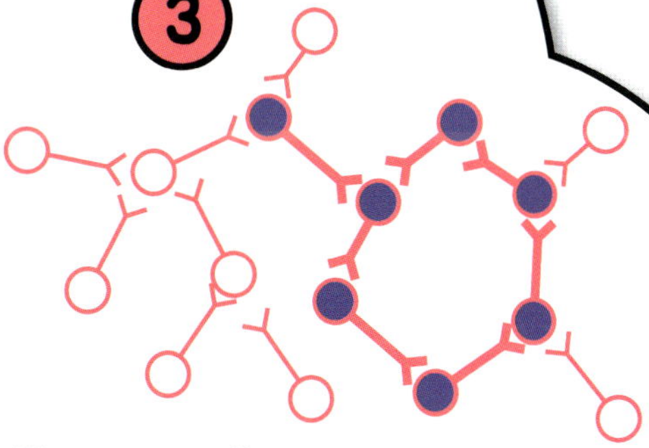

③ Пригадуєш?
Найменше нагадування про давню подію (скажімо, про те, що ми їли) змушує гіпокамп знов активувати ці самі нейрони — і ми можемо пригадати все.

ІНШІ ТИПИ ПАМ'ЯТІ
За допомогою різних систем мозок засвоює нові навички або тимчасово зберігає інформацію.

Процедурна пам'ять
За засвоєння нових практичних навичок («процедур») — скажімо, гри на піаніно, — відповідає інший тип пам'яті, де замість гіпокампа залучені синапси в мозочку та інших ділянках.

Робоча пам'ять
За короткочасне утримання інформації в голові (скажімо, під час розв'язування прикладів) відповідають нейрони кори, які збуджуються, коли ти щось пригадуєш.

51

Емоції

Емоції — це **твої відчуття** щодо всього, що стається з тобою й довколишнім світом. Твої емоції впливають на твоє **тіло**, **поведінку** та реакції інших людей.

> Люди демонструють емоції за допомогою виразу обличчя. Саме це допомагає іншим зрозуміти, як ти почуваєшся.

Чотири емоції
Нині вчені вважають, що основних емоцій лише чотири: щастя, страх, сум і гнів. Уся гама твоїх розмаїтих почуттів — суміш цих чотирьох основних реакцій.

Щаслива

Сумний

Сердита

Емоційна реакція

Емоції змушують організм і поведінку до змін — і навпаки: фізичний стан часом викликає в тебе певні емоції. Наприклад, гнів...

Емоція
Гнів

Тілесні реакції
Швидший пульс
Глибше дихання
Кров приливає до м'язів, готуючи їх до дій

Поведінкові реакції
Зосередження на проблемі
Крик
Насупленість

Наляканий

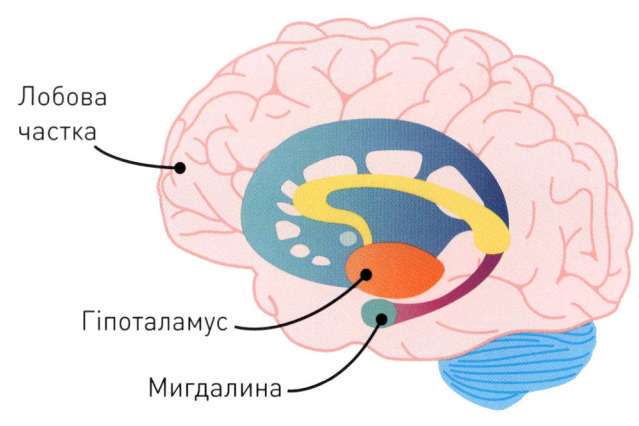

Лобова частка
Гіпоталамус
Мигдалина

Звідки береться страх?

За страх відповідає мигдалина, розташована в центрі мозку. Гіпоталамус контролює реакцію організму на страх, а лобова частка визначає, як страх впливає на твою поведінку.

Мислення та інтелект

Мислення — найскладніший мозковий процес. Мозок може сполучати нову сенсорну інформацію зі збереженими **спогадами**, осмислювати її й вирішувати, що робити далі.

> Пригадуєте черв'ячків на с. 25? Їхній простий мозок збирає сенсорну інформацію й автоматично на неї реагує. Люди теж так часом роблять, але частіше все-таки спиняються й думають.

Думати наперед

Розумні люди залучають уяву до розв'язання проблем. Спершу слід визначитися з метою, потім уявити різні сценарії дій і, нарешті, вибрати варіант, що приведе до найліпших результатів. Ось приклад:

1

О ні!
Уяви, що на прогулянці ти помітила, як друг загубив шарф. Надворі мороз. Фантазія малює різні наслідки цієї втрати.

2

Обміркуй
Без шарфа друг може застудитися. Ти можеш також уявити, як він засмутиться, виявивши втрату.

Правила проти творчості

В одних випадках інтелект вимагає вивести правильну відповідь з відомих правил (як у математиці), в інших найліпше створити щось цілковито нове (скажімо, коли пишеш оповідання чи малюєш картину).

Знайди рішення
Якщо підібрати шарф і повернути його, проблема розв'яжеться сама собою! Другові буде радісно й тепло, а ти тішитимешся, що допомогла.

СВІДОМІСТЬ

Свідомість — це особистий досвід щодо того, що ти живий. Уві сні ми несвідомі. Свідомість — результат роботи мозку, але як і чому ми її переживаємо, досі велика таємниця!

Сон і СНИ

З тобою щоночі трапляється дещо дуже загадкове — ти **спиш** і **бачиш сни.** Учені поки до кінця не розуміють, чому так стається, але ми вже напевно знаємо, що ці процеси позитивно впливають на здоров'я мозку.

Глибокий і поверхневий сон

Уночі організм проходить крізь різні фази сну, що мають різні завдання. У фазі глибокого сну людину складно розбудити. Швидка фаза сну (ШРО) набагато чутливіша. Саме в цій фазі нам переважно сняться сни.

Швидкий сон іще називають ШРО (швидкі рухи очей). Поки ти так спиш, твої заплющені очі сіпаються.

Денні біоритми

У різних фазах добового циклу тіло та мозок працюють по-різному, підлаштовуючись до часу. Коли надворі темнішає, мозок каже тілу, що треба спати.

Сортування спогадів

Науковці вважають, що сни допомагають поєднувати враження прожитого дня з давнішими спогадами. Може, саме глибокий сон допомагає переводити нові спогади в довготривалу пам'ять.

Час вставати!

Очищення мозку

Під час денної роботи в мозку збирається сміття — старі нейромедіатори та інші хімічні відходи. Під час глибокого сну мозок їх прибирає.

Старіння мозку

Наш мозок завжди змінюється — у чомусь **кращає**, а в чомусь, навпаки, **гіршає**. **Здоровий спосіб життя** допомагає тримати його **в формі**.

Мудрість старості
З віком у тебе виникає більше спогадів і знань. Певні мозкові процеси вдосконалюються — скажімо, поліпшуються математичні навички й виникає вміння осмислювати комплексні проблеми.

Всихання мозку
Років із тридцяти людський мозок поступово починає меншати. З віком епізодична й робоча пам'ять дещо погіршуються. Інші мисленнєві процеси теж повільнішають.

Хвороби мозку

Деякі хвороби мозку типовіші для старечого віку. Хвороба Альцгеймера спричиняє відмирання нейронів та зменшення окремих ділянок мозку, що веде до розгубленості й утрати пам'яті.

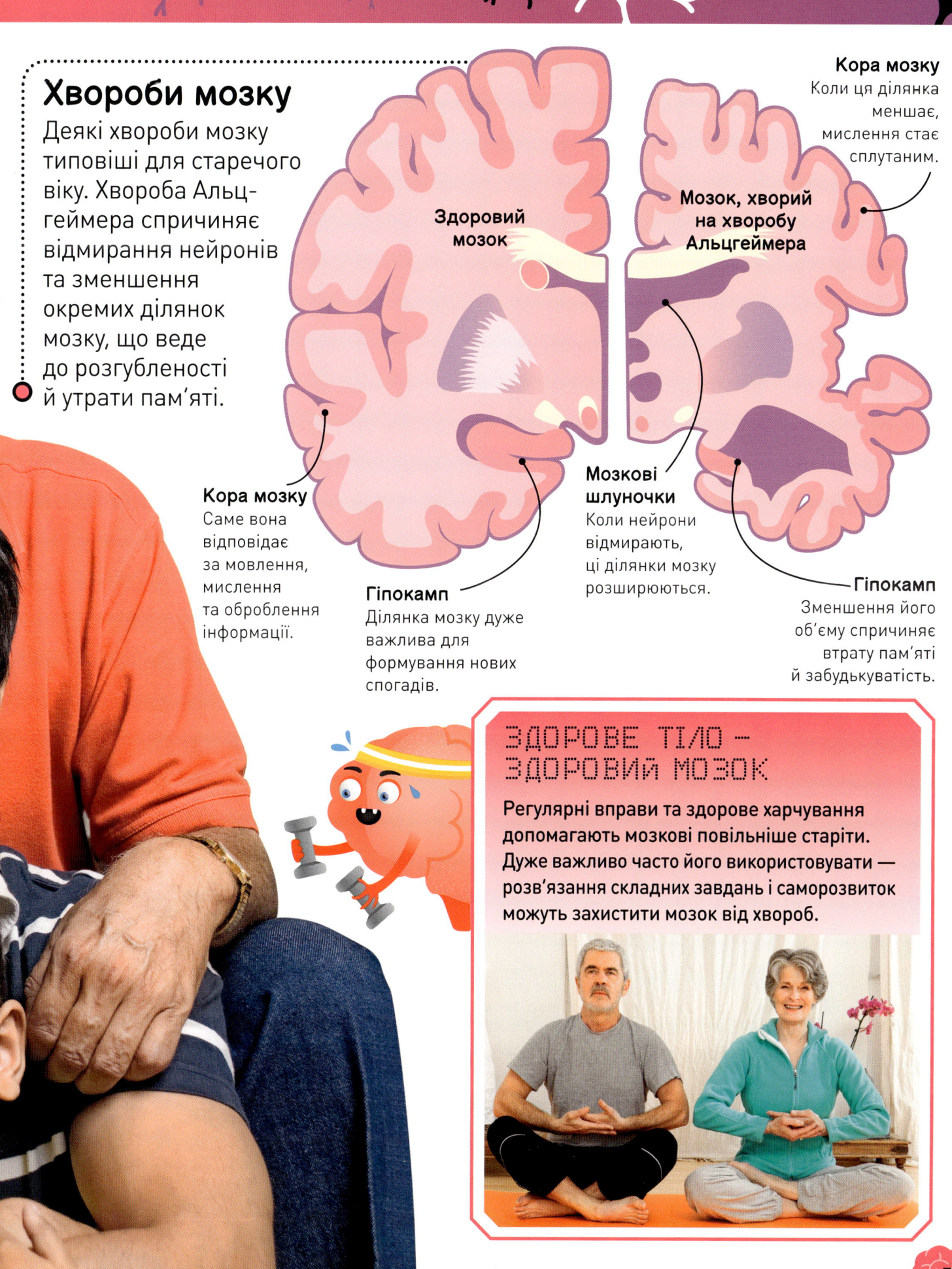

Здоровий мозок

Мозок, хворий на хворобу Альцгеймера

Кора мозку
Коли ця ділянка меншає, мислення стає сплутаним.

Кора мозку
Саме вона відповідає за мовлення, мислення та оброблення інформації.

Гіпокамп
Ділянка мозку дуже важлива для формування нових спогадів.

Мозкові шлуночки
Коли нейрони відмирають, ці ділянки мозку розширюються.

Гіпокамп
Зменшення його об'єму спричиняє втрату пам'яті й забудькуватість.

ЗДОРОВЕ ТІЛО — ЗДОРОВИЙ МОЗОК

Регулярні вправи та здорове харчування допомагають мозкові повільніше старіти. Дуже важливо часто його використовувати — розв'язання складних завдань і саморозвиток можуть захистити мозок від хвороб.

Такий різний МОЗОК

На роботу мозку впливають закодована в ДНК інформація й життєвий досвід. Щоб **зрозуміти**, як складно буває деяким людям, корисно **знати**, якими різними можуть бути наші мозки.

Дислексія

Багато людей мають дислексію, що заважає їм читати й розуміти прочитане. Людям із дислексією часом складно пов'язувати звучання слів з їхнім написанням.

Аутизм

Можливих виявів аутизму дуже багато. Людям з аутизмом часто буває складно спілкуватися з іншими, їм не подобаються гучні звуки та яскраве світло, їм складно перебувати в людних місцях.

ПСИХІЧНЕ ЗДОРОВ'Я

Усім нам часом буває сумно. Деяким людям сумно завжди — і це може означати, що їм варто подбати про своє психічне здоров'я. Причини такого суму інколи складно пояснити, але психічні проблеми можна лікувати й поліпшувати — так само, як і фізичні.

РДУГ

Людям із розладом дефіциту уваги й гіперактивності (РДУГ) буває складно зосередитись чи заспокоїтися. Такі люди часто дуже активні й швидко перемикаються з одного завдання на інше.

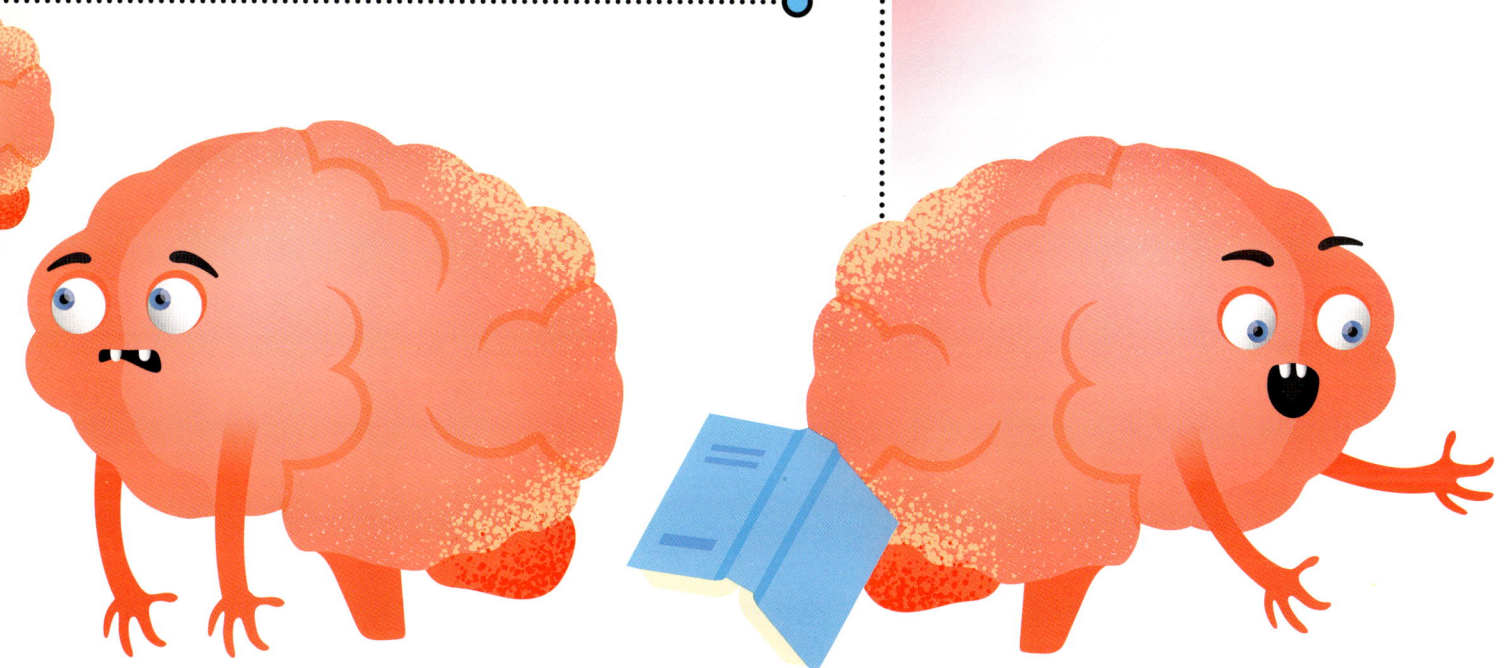

Як допомогти

Якщо в тебе психічна проблема, поговори з тими, кому довіряєш. Якщо бачиш, що допомоги потребує хтось інший, поцікався, як допомогти, ніколи не забувай про доброту й спробуй зрозуміти почуття цієї людини.

>> **Поговоріть про це.** Розмова про почуття й мінливі емоції допомагає ліпше їх зрозуміти.

>> **Будьте добрі.** Доброта й доброзичливість дуже допомагають людям у скрутний час.

>> **Знайдіть допомогу.** Якщо проблема тебе справді турбує, попроси допомоги в дорослих, яким довіряєш, — у вчителів чи батьків.

Майбутнє науки про мозок

Ми вже чимало знаємо про роботу мозку — однак **запитань досі багато**. Нижче ми перелічимо кілька напрямів, де їх **найбільше**.

Свідомість

Найважливіше запитання нейробіології — чому ми свідомі себе? Чому розуміємо, що наш мозок працює? Звідки береться переживання власного життя?

Старіння мозку

Чи зможемо ми зупинити старіння мозку з віком? Чи зможемо запобігти старечим хворобам мозку?

Тваринний мозок

Які тварини першими мали мозок? Які важливі відмінності будови мозку різних видів? Що робить людей унікальними?

Чи зможу я стати комп'ютером?

Комп'ютерний мозок

Чи можна змусити комп'ютер працювати як мозок? Чи вдасться створити свідомий комп'ютер? Чи зможемо ми колись зберігати на комп'ютерах власні спогади?

Хвороби мозку

Ми досі точно не знаємо, що спричиняє більшість хвороб мозку. Чи можна когось від них захистити? Як їх лікувати? Чи вдасться відновити мозок?

Хронологія **мозку**

Науковці лише нещодавно почали розгадувати **таємниці** мозку та його роботи. Вони щороку **відкривають** щось нове про цей дивовижний орган.

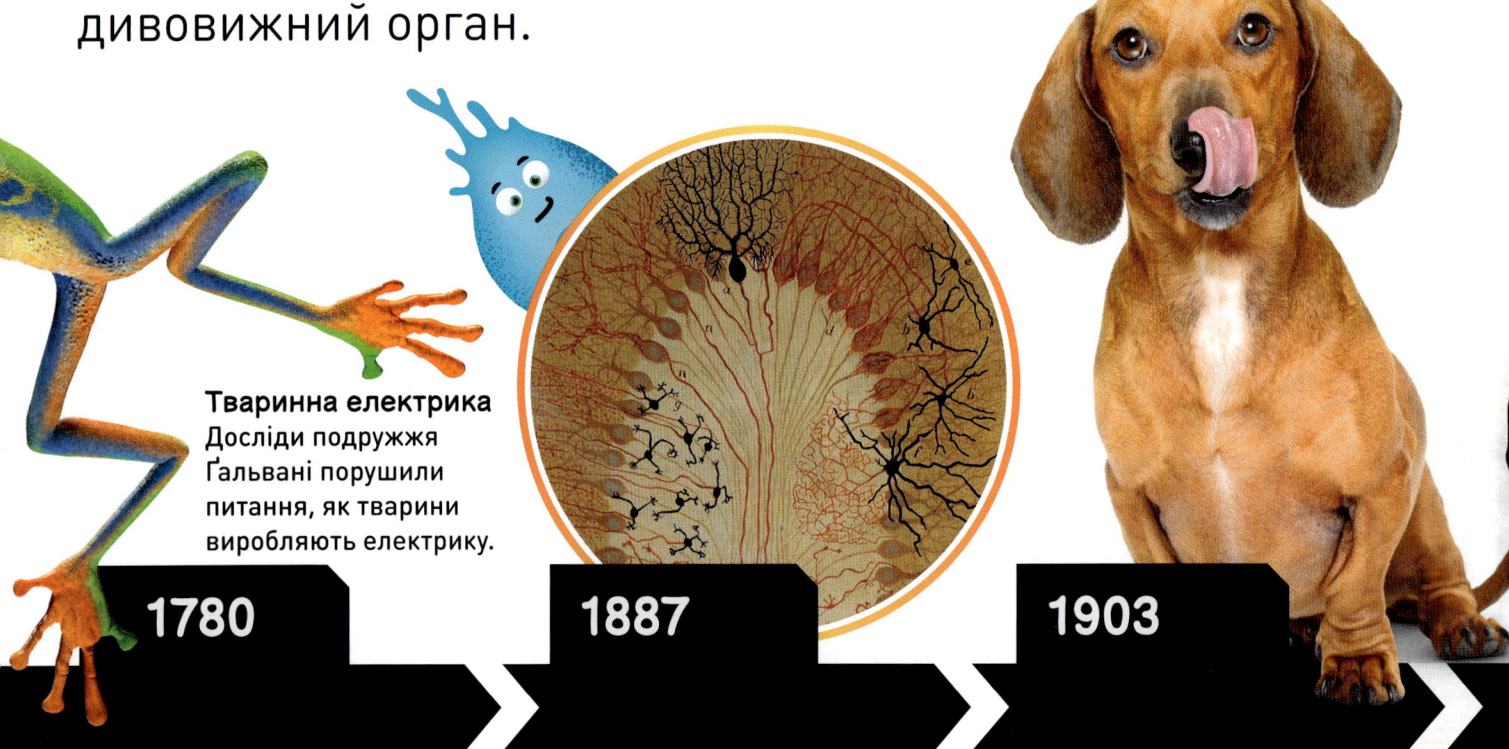

Тваринна електрика
Досліди подружжя Ґальвані порушили питання, як тварини виробляють електрику.

1780

1887

1903

Електричні тварини

Луїджі та **Лючія Ґальвані** проводять досліди з жабами й виявляють, що електричний **розряд** змушує смикатися кінцівку мертвої тварини. Це означає, що **нерви** рухають м'язами, проводячи **електричні сигнали**.

Зображення нейрона

Сантьяґо Рамон-і-Кахаль першим точно описує будову **нервових клітин** (нейронів). За допомогою **мікроскопів і фарб** він показує, що мозок складається з різних нейронів, і створює їхні прекрасні зображення.

Слиняві пси

Іван Павлов учить собак **асоціювати** певний звук (свисток) із **годуванням** і помічає, що після його дослідів тварини виділяють слину вже без їжі — тільки на звук. Таке явище називають **класичним формуванням умовних рефлексів**.

64

Нічне натхнення
Ідея використати жаб'ячі серця в дослідженні нейромедіаторів виникла в Леві уві сні.

Гігантський аксон кальмара може бути понад міліметр завтовшки.

Поведінка тварин
Вивчаючи щурів і голубів, Скіннер виявив, що дуже різні тварини навчаються подібно.

1921

1938

1952

Хімічні передавачі

Отто Леві відкриває **нейромедіатори**, помістивши в посудину з поживним розчином жаб'яче серце. Подразнюючи блукливий нерв, що його іннервує, Леві вивільнює **хімічні сполуки**. У розчин з отриманими сполуками він кладе ще одне жаб'яче серце, і вони **змінюють** частоту скорочень цього органа.

Нагорода за хорошу поведінку

Беррес Фредерік Скіннер описує, як тварини повторюють вчинки, за які **отримують нагороду** (щось смачне), і припиняють робити те, за що їх карають. Цю схему поведінки він називає **оперантне навчання**.

Електричні розряди

Алан Годжкін та Ендрю Гакслі показали, як нервові клітини утворюють **електричні розряди**, коли виміряли електричний сигнал у **велетенських аксонах** кальмара.

65

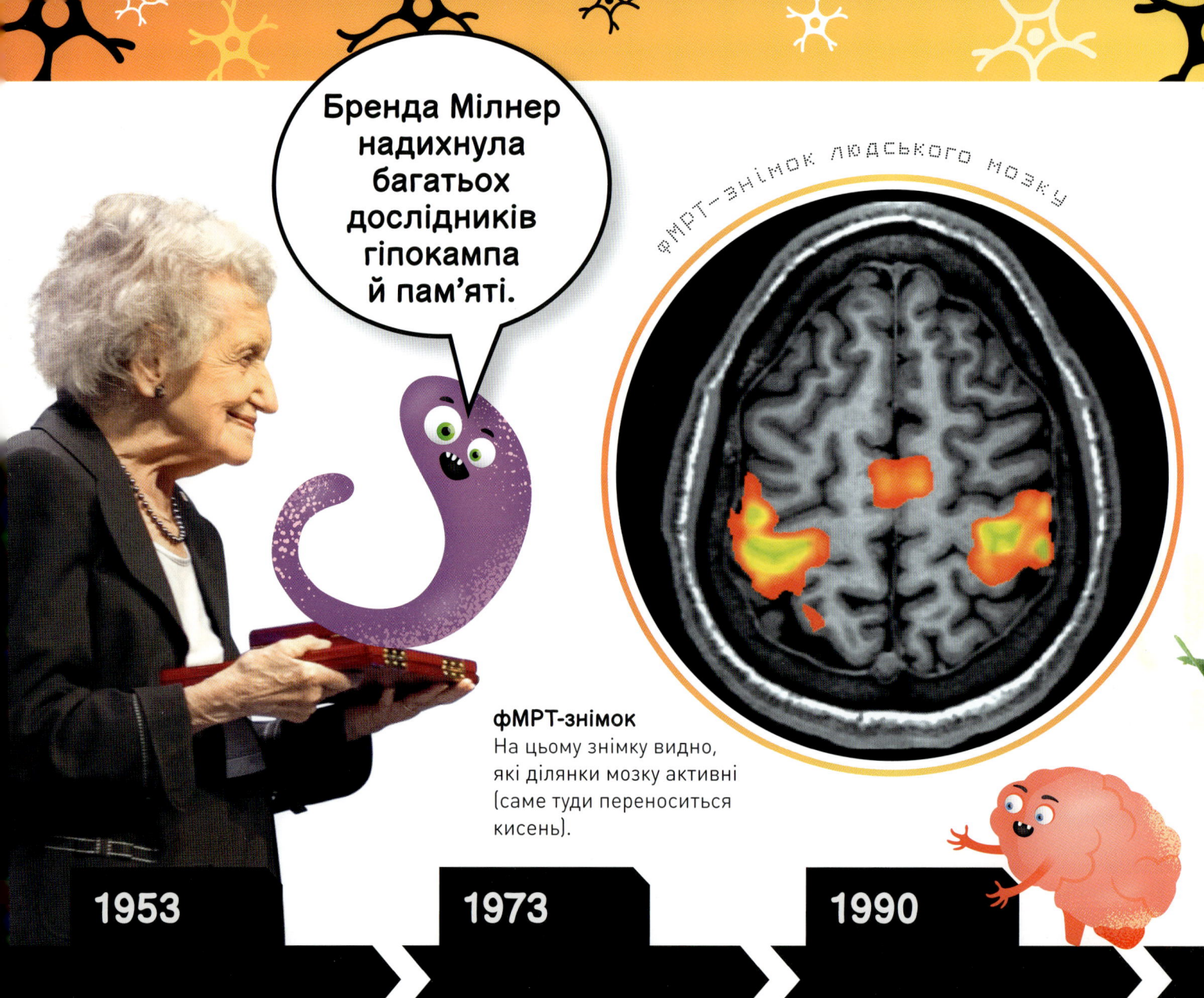

"Бренда Мілнер надихнула багатьох дослідників гіпокампа й пам'яті."

фМРТ-знімок
На цьому знімку видно, які ділянки мозку активні (саме туди переноситься кисень).

1953

1973

1990

Без нових спогадів
Нейробіологиня **Бренда Мілнер** повідомляє про дослідження чоловіка, який не може мати нових спогадів, втративши **гіпокамп** в обох півкулях мозку.

Зміна синапсів
Тім Блісс і Тер'є Льомо показали, що внаслідок повторної активації синапси зміцнюються. Це допомагає зрозуміти, як ми **вчимося** і як у нашому мозку формуються та зберігаються **спогади**.

Зазирнути всередину
Сейдзі Оґава знаходить спосіб стежити за рухом кисню крові в мозку. Технологія **функціональної магнітно-резонансної томографії (фМРТ)** допомагає побачити, які частини мозку **активуються** під час різної діяльності.

АКТИВНИЙ СИНАПС

2019 року опубліковано майже **100 000 нових досліджень** мозку!

2005

2012

2019

Освітити шлях
Карл Дайссерот із колегами вживили в нейрони світлочутливий білок, що зазвичай трапляється у водоростей. Тепер ці нейрони **генерують імпульс** під дією світла — і з ними можна проводити нові захопливі **експерименти**.

Розумний комп'ютер
Алекс Крижевський, Ілля Суцкевер і Джефф Гінтон розробляють комп'ютерну програму *AlexNet*. Вона працює за принципом **нейронів** і ліпше за людей **розпізнає** фотографії певних об'єктів.

Декодування мовлення
Опрацьовані комп'ютером нейронні **імпульси** в мозку допомагають **Ґопалі Ануманчіпаллі, Джошу Картьє та Едвардові Чанґу** зрозуміти, що каже людина, навіть коли вона лише вдає, що розмовляє.

Словничок

Ці слова корисно знати, коли говориш і читаєш про мозок.

аксон
тонкий дротоподібний відросток нейрона, яким передаються електричні імпульси

біла речовина
ділянки ЦНС, що здаються білими, бо в нейронах багато мієліну

вегетативна нервова система (ВНС)
група нервів, що поєднує мозок з органами та кровоносними судинами

ганглій
невелике скупчення нейронів

гіпокамп
довга тонка структура мозку, відповідальна за формування пам'яті

гіпоталамус
структура мозку, відповідальна за контроль тілесних функцій

гормон
сигнальна хімічна речовина, що виділяється в кров

дендрит
відгалуження нейрона, що отримує вхідні сигнали від синапсів

довгастий мозок
нижня частина мозкового стовбура

дослідження пацієнта
дослідження однієї людини, з якою сталося щось незвичне з медичного погляду

дофамін
нейромедіатор, важливий для руху та навчання

емоція
сильне почуття, зазвичай пов'язане з подіями, що вас стосуються

задній мозок
ділянка мозку, куди входять мозочок і стовбур

імпульс
короткий спалах електричної активності (спайк, потенціал дії)

інстинкт
вроджена (не набута) реакція на певну ситуацію

клітина
основна структурна одиниця всього живого

кора
скорочення від «кора головного мозку»

частина мозку, що відповідає за певну функцію (наприклад, зорова кора)

кора головного мозку
зовнішній шар мозку, важливий для багатьох складних мозкових функцій. Складається з чотирьох часток

лімбічна система
група мозкових структур, що відповідають за емоції

та пам'ять, включає мигдалину, гіпоталамус і гіпокамп

мигдалина
невелика подібна до виноградини ділянка мозку, що відіграє важливу роль у відчутті емоцій, особливо страху

мієлін
жирна речовина, утворена олігодендроцитами, що оточує аксони деяких нейронів

мієлінова оболонка
шар мієліну довкола аксона, який пришвидшує імпульси

міст
відділ стовбура головного мозку з багатьма функціями (дихання, відчуття й біль)

мозковий череп
частина черепа, у якій міститься мозок

мозок
центральний орган нервової системи, який отримує дані від органів чуттів, обробляє та зберігає інформацію й контролює рухи тіла

мозочок
ділянка в задній частині мозку, що відповідає за координацію рухів та рівновагу

МРТ (магнітно-резонансна томографія)
знімок мозку, що показує його структуру

68

м'яз
орган, здатний скорочуватися й видовжуватися, у такий спосіб рухаючи тіло

негативний зворотний зв'язок
система, що запобігає крайнім відхиленням певного показника. Коли відчуття (голод чи ситість) починає наростати, мозок активує системи, що йому запобігають

нейробіолог
науковець, який вивчає мозок чи нервову систему

нейромедіатор
хімічна сполука, яку виділяють нейрони, щоб передати сигнал іншим нейронам чи клітинам

нейрон
клітина, у якій утворюються електричні імпульси й вивільняються нейромедіатори, щоб передати сигнали нервовою системою

нерв
пучок аксонів, що поєднує дві ділянки тіла

орган
група клітин, які разом виконують певну функцію (наприклад, серце, око чи мозок)

парасимпатична нервова система
частина ВНС, що розслабляє тіло

передній мозок
велика ділянка мозку, до якої належить кора півкуль.

периферична нервова система
усі нейрони, що не належать до ЦНС

рефлекс
несвідома, автоматична реакція на певні подразники (наприклад, чхання)

рецептор
крихітна структура на клітині, що реагує на сенсорну інформацію (світло, дотик) чи нейромедіатори

свідомість
осмислення власних думок і відчуттів

середній мозок
ділянка в центрі мозку, що контролює багато життєвих функцій

симпатична нервова система
частина ВНС, що готує тіло до дії

синапс
з'єднання двох нейронів, через яке проходять нейромедіатори

сіра речовина
ділянки ЦНС, що здаються сірими, бо там містяться нейрони без мієліну

сон
стан мозку, коли свідомість вимкнена й людина бачить сни

спинний мозок
частина ЦНС, розташована у хребті, яка переносить інформацію між головним мозком і тілом та обробляє її

спогад
дані про подію, факт або вчинок, що зберігаються в мозку. Важливу роль у зберіганні й відновленні спогадів відіграє гіпокамп

стовбур головного мозку
ділянка біля основи мозку, що відповідає за життєво важливі функції — серцебиття та дихання

таламус
частина мозку, відповідальна за передання сенсорної інформації від органів чуття до кори головного мозку

фаза швидкого сну (швидкі рухи очей, ШРО-фаза)
фаза сну, пов'язана зі сновидіннями

фМРТ (функціональна магнітно-резонансна томографія)
знімок мозку, що показує кисень у мозковій крові

центральна нервова система (ЦНС)
складається з головного та спинного мозку

циркадні ритми
зміни поведінки й діяльності організму в певний час доби

частка (мозку)
одна з чотирьох великих ділянок кори (лобова, потилична, скронева й тім'яна)

череп
сукупність кісток у голові

шлуночок
заповнений рідиною простір у мозку

шлях
нейронний зв'язок між двома ділянками мозку

69

Покажчик

Аа
автоматичні реакції 24, 54, 69
аксони 18—22, 25, 30, 37, 65, 68
асоціативне навчання 48
астроцити 19
аутизм 60

Бб
бити чи тікати 41
біла речовина 21, 68
біль 8, 30
біоритми 57
біцепс (двоголовий м'яз плеча) 38

Вв
вегетативна нервова система (ВНС) 40, 68
венерина мухоловка 25
викопні рештки 28
винагорода 49
вираз обличчя 52
вібрації 30, 36, 37
відновлення 19, 63
відчуття тіла 11
волоскові клітини 36
восьминоги 26, 27
вправи 59
вуха 8, 36

Гг
гальмівні синапси 23
ганглії 26, 68
гіпокамп 10, 13, 14, 49, 50, 59, 66, 68, 69
гіпоталамус 10, 43, 53, 68
гнів 5, 52
голод 8, 10, 21, 42, 43, 69
гормони 41—43, 68
грелін 42, 43

Дд
дендрити 18—22, 68
дислексія 60
дихання 11, 53, 68, 69
діти 26, 44, 47
дія 18, 41
ДНК 5, 17, 44, 46, 60
довкілля 46
досвід 5, 13, 46, 50, 55, 60
дотик 11, 30, 31, 69
дофамін 48, 68

Ее
еволюція 28
електричні сигнали 15, 17, 20, 22, 34, 36, 37, 64, 65, 68
ембріони 44
емоції 5, 10, 14, 32, 52, 53, 61, 68
епізодична пам'ять 50, 58

Жж
жаби 64, 65
жир 16, 19, 21

Зз
завитка 36, 37
запах 10, 32, 48
збуджувальні синапси 23
звук 9, 10, 36, 37, 49, 60, 64
зв'язки нервові 18, 19, 43, 46, 47, 51, 69
здоровий спосіб життя 58
землерийки 27
зіниця 34, 40
зір 8, 11, 34
знання 14, 25, 48, 58
зорова кора 35, 68
зоровий нерв 35

Іі
імпульси 15, 20—24, 31, 35, 48, 51, 67, 68

Її
їжа 27, 32, 38, 42, 43, 48, 64

Кк
кальмар 65
кисень 13, 16, 66, 69
кінчики пальців 30, 31
кістки 16, 36, 38, 69
класичні умовні рефлекси 64
клітини 15—20, 30, 34, 36, 37, 64, 65, 68, 69
ковтання 11
комп'ютери 12, 63, 67
контроль тіла 5, 8, 10, 14, 34, 38, 39, 40, 41, 53, 68, 69
концентрація 10
координація 9, 11, 39, 68
кора головного мозку 10, 11, 13, 21, 31, 33, 35, 37, 39, 45, 50, 51, 59, 68, 69
кришталик 34
кровоносні судини 16, 68

Лл
легені 40
лімбічна система 10, 14, 68
лобова частка 10, 11, 53, 69
людська еволюція 28

Мм
мавпи 28, 29
мигдалина 10, 14, 53, 68
мислення 9, 25, 54, 58, 59
миші 46
мієлінова оболонка 18, 19, 21, 68
мікроглія 19
мікроскопи 12, 13, 64
мова 11
мовлення 9, 10, 59, 67
мозкова активність 13, 41, 50, 66, 68
мозковий череп 68
мозкові частки 10, 11, 53, 68, 69
мозолисте тіло 19
мозочок 11, 51, 68
морські асцидії 27
МРТ-сканери 12
м'язи 8, 9, 24, 25, 29, 34, 38, 39, 53, 64, 69

Нн
навички 15, 51, 58
навчання 25, 29, 47, 48, 56, 68
навчання через повторення 48
навчання через результат 48
небезпека 38, 40, 41
негативний зворотний зв'язок 43, 69
нейробіологія 12, 14, 24, 62, 66, 69
нейромедіатори 22, 49, 57, 65, 68, 69
нейрони 13, 15, 17—23, 25, 30—32, 35, 37, 42, 45, 47, 48, 50, 51, 59, 64, 67, 68, 69
немовлята 44, 45
нервова система 7, 20, 25, 38, 40, 41, 68, 69
нервова трубка 44, 24
ніс 24, 32

Оо
оброблення інформації 8, 9, 24, 59, 68, 69
олігодендроцити 19, 68
оперантне навчання 65
оптичні ілюзії 35
очищення мозку 57
очі 8, 34, 69

Пп
павуки 27
пам'ять 9, 13, 32, 50, 51, 57, 58, 59, 66, 68
парасимпатична нервова система 40, 69
периферична нервова система 7, 69
перицити 19
плід 44
поведінка 25, 43, 52, 53, 65, 69
повторення, навчання через
події 8, 24, 48, 50, 51, 68, 69
потилична частка 11, 69
правила, виконання 55
практика 13, 51
прийняття рішень 55
процедурна пам'ять 51
психічне здоров'я 61

Рр
райдужна оболонка 34
РДУГ (розлад дефіциту уваги й гіперактивності) 61
рефлекси 24, 64, 69
рецептори 22, 30, 32, 33, 34, 36, 69
ріст мозку 46, 47
робоча пам'ять 51, 58
рогівка 34
розвиток мозку 44, 46
розв'язання проблем 10, 54, 55
розпізнавання облич 10, 13
розслаблення 38, 40, 69
розум
рослини 25
рух 5, 8, 9, 10, 13, 18, 20, 21, 31, 35, 38, 39, 48, 56, 66, 68, 69

Сс
свідомість 55, 62, 69
світло 34, 60, 67, 69
сигнальні хімічні речовини 20—22, 42, 68
симпатична нервова система 41, 69
синапси 15, 19— 23, 47, 48, 51, 66, 68, 69
сіра речовина 21, 69
сітківка 34
скронева частка 11, 69
слони 32
слух 9, 11, 36
смак 11, 32
сни 56, 57, 69
собаки 31, 48, 64
сон 56, 57, 68
спинний мозок 6, 24, 30, 31, 44, 69
споживання їжі 42
спрага 8, 10
старіння мозку 58, 62
стовбур мозку 11, 68, 69
страх 5, 14, 52, 53, 68
стремінце 36
сум 5, 52

Тт
таламус 33, 35, 69
тварини 24—28, 32, 49, 63, 64, 65
творчість 55
температура 30, 31
температура тіла 10
тиск 11, 30, 31, 37
тім'яна частка 11, 69
травлення 40, 41
травми мозку 12, 13
трицепс (триголовий м'яз плеча) 38

Уу
усвідомлення тіла 31, 38
уява 54

Фф
фМРТ 66, 69

Хх
хвороба Альцгеймера 59
хвороби мозку 59, 62, 63
хімічні сполуки (смак і запах) 15, 21, 32, 41, 65, 69

Цц
центральна нервова система 7, 69

Чч
частота серцебиття 65
черв'яки 25, 54
череп 6, 27, 28, 45, 68, 69
читання 11
чхання 24, 69
чуття 7, 8, 24, 34, 39, 68, 69

Шш
швидкий сон (ШРО) 56, 69
шимпанзе 29
шкіра 30, 31, 38
шлуночки 59, 69

Щщ
щастя 5, 52

Яя
ядро 17, 18
язик 32

Подяки

Видавництво DK хотіло б подякувати Джоліон Годдард, Кеті Лоренс, Кетлін Тіс і Сіті Пармар за редакційну допомогу; Еррранові Льюїсу за комп'ютерну графіку, Керолайн Гант за вичитування текстів, Гелен Пітерс за укладання покажчика й докторці Вікторії Уванні за консультування щодо розділу «Такий різний мозок».

Автор хотів би присвятити цю книжку Ізабеллі та Маріані. «Нехай ваш дивовижний мозок мислить вічно».

Видавці хотіли б подякувати всім нижчезазначеним особам за люб'язний дозвіл використати фото.

(Key: a-above; b-below/bottom; c-centre; f-far; l-left; r-right; t-top)

4—5 **Dreamstime.com:** Matthieuclouis. 6 **Dreamstime.com:** MNStudio (bl). 8—9 **Dreamstime.com:** Wavebreakmedia Ltd (c). 12 **Alamy Stock Photo:** B pics / Stockimo (br). **Dreamstime.com:** Tyler Olson (cl). **Science Photo Library:** Living Art Enterprises (tr). 13 **Dreamstime.com:** Dgm007 / Dmitriy Melnikov (cb); Gekaskr (cra); Stradnic Stanislav (cr). **Science Photo Library:** Steve Gschmeissner (clb); Living Art Enterprises (tl). 14 **Dreamstime.com:** Sebastian Kaulitzki (ca, cra). **Getty Images / iStock:** SciePro (cl). 15 **123RF.com:** Kateryna Kon (crb). **Science Photo Library:** Jose Calvo (tl). 16 **Dreamstime.com:** Mercedes Maldonado (bl). 16—17 **Science Photo Library:** Ralph Hutchings, Visuals Unlimited. 17 **Dreamstime.com:** Ldarin (cr). 20—21 **123RF.com:** epicstockmedia. 23 **Alamy Stock Photo:** RZUS_Images (tr). 24 **Dreamstime.com:** Olgagorovenko (bl). 24—25 **Science Photo Library:** Wim Van Egmond (c). 25 **123RF.com:** Heiti Paves (cr). **Dreamstime.com:** Nico99 (bc). 26—27 **Getty Images:** Reynold Mainse / Design Pics. 27 **Alamy Stock Photo:** cbimages (crb); Mike Lane (cra). **naturepl.com:** Ingo Arndt (cr). 29 **naturepl.com:** Anup Shah (crb). 30 **Dreamstime.com:** Nynke Van Holten (bl). 32 **Dreamstime.com:** Sorayut (tr). 34 **Shutterstock.com:** wavebreakmedia (cl). 35 **123RF.com:** Yurii Perepadia (br). 36 **Science Photo Library:** Steve Gschmeissner (tr). 39 **Dreamstime.com:** Maxim Lupascu (b). 41 **Getty Images / iStock:** cosmin4000 (crb); shapecharge (c). 42—43 **Getty Images / iStock:** chuckcollier (c). 43 **Dreamstime.com:** Denismart (bc). 44 **Alamy Stock Photo:** Science Photo Library / SCIEPRO (cb). 46 **Alamy Stock Photo:** Juniors Bildarchiv GmbH / F314 (bl). 47 **Alamy Stock Photo:** Picture Partners (bl). 50—51 **Dreamstime.com:** Robert Kneschke. 51 **Alamy Stock Photo:** Tetra Images, LLC / JGI / Tom Grill (crb). **Dreamstime.com:** Ian Allenden (cra). 52 **Getty Images / iStock:** E+ / baona (br). 53 **Dreamstime.com:** Esther19775 (bl); Jure Gasparic (tl). 55 **Dreamstime.com:** Odua (tl). 56—57 **Dreamstime.com:** Wavebreakmedia Ltd (b). 58—59 **Alamy Stock Photo:** Indiapicture / Hemant Mehta (c). 59 **Alamy Stock Photo:** fStop Images GmbH / Andreas Stamm (br). 60—61 **123RF.com:** Nadezhda Prokudina (tc). 61 **Dreamstime.com:** Kmitu (b). 62—63 **Dreamstime.com:** Ilexx (bc). **Science Photo Library:** Sinclair Stammers (tc). 62 **Dreamstime.com:** Leo Lintang (cra); Wave Break Media Ltd (clb). 63 **Dreamstime.com:** Newbi1 (crb). **Getty Images / iStock:** wigglestick (cra). 64 **Alamy Stock Photo:** Album (ca). **Dreamstime.com:** Damedeeso (cra). 65 **Alamy Stock Photo:** Pictorial Press Ltd (cla); Science History Images (ca). **Fotolia:** Karl Bolf (cra). 66 **Dreamstime.com:** Spectral-design (bc). **Getty Images:** AFP / Torstein Boe (tl). **Science Photo Library:** Living Art Enterprises (tr). 67 **Dorling Kindersley:** Natural History Museum, London (cl). **Dreamstime.com:** Andreaobzerova (tr); Orcea David / Orcearo (c, cr). **Fotolia:** Matthew Cole (tl)

Cover images: *Front:* Dreamstime.com: Sebastian Kaulitzki crb, Sebastian Kaulitzki / Eraxion clb; *Back:* Dreamstime.com: Whitehoune clb; PunchStock: tl

All other images © Dorling Kindersley

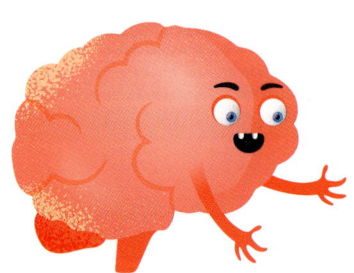